Thomas Jaenisch - Felix Rohland

myboshi mützenmacher
häkelmützen in deinem style

Inhaltsverzeichnis

Vorwort **s. 6-7**

Das Interview **s. 8-15**

Boshi-Anleitungen und Stories **s. 16-77**

Häkeln Basics **s. 78-95**
und Anleitung zum Mützen-Konfigurator

Impressum **s. 96**

Boshis machen coole Köpfe.

Boshi heißt Mütze auf Japanisch. In Japan hatten wir auch die Idee, Mützen zu häkeln. Wir arbeiteten dort als Skilehrer in einem kleinen Bergdorf, und um uns abends die Langeweile zu vertreiben, lernten wir häkeln. Noch in Japan verkauften wir unsere ersten Boshis. Zurück in Deutschland häkelten wir unzählige weitere Mützen und gründeten unser Start-up „myBoshi". Seitdem ist das Boshi-Fieber ausgebrochen – nicht nur bei uns. In den letzten zwei Jahren haben wir schon über 12.000 Mützen unter die Leute gebracht.

Immer wieder erreichen uns Anfragen nach Häkelanleitungen für unsere trendigen Mützen. In diesem Buch zeigen wir dir, wie unsere Boshis gemacht werden. Alle Mützen kannst du unkompliziert nachhäkeln. Der Clou: Die Boshi-Modelle lassen sich ganz einfach passend zu deinem Style abwandeln. Mit dem beiliegenden Mützenkonfigurator kannst du diverse Farben und Styles ausprobieren, ehe es an die Häkelnadel geht. Aber sei gewarnt: Die Gefahr, sich mit dem Boshi-Fieber anzustecken, ist dadurch besonders groß, denn an einem Abend können schon eine oder zwei Mützen entstehen. <<

Das Interview

Das Interview

Viele Köpfe
glücklich machen

Eine Geschichte, die erzählt werden muss: 2009 reisten wir nach Japan, um Kindern das Skifahren beizubringen. Abends vertrieben wir uns die Zeit mit Häkeln – und legten damit den Grundstein für unser Mützenlabel myBoshi. Heute beschäftigen wir mehr als ein Dutzend „Häkelomis" und verkaufen unsere Mützen in alle Welt.

Wie alles begann ...

Das Interview

„Das Häkelfieber hatte uns gepackt." Felix

Mützen häkeln und in einer Zeit der Smartphones zu einem angesagten Accessoire zu machen, klingt abgefahren. Wie kamt ihr darauf?

Thomas: Die Idee hatten wir während eines deutsch-japanischen Skilehreraustausches 2009 in Japan. Im abgelegenen Skiresort Hachi-Kogen waren wir im Keller einer Turnhalle untergebracht. Abends saßen wir im Gruppenraum zusammen. Um während der fünf Wochen Aufenthalt nicht nur Karten zu spielen, packte eine spanische Skilehrerkollegin ihre Häkelsachen aus. Sie führte uns in die Geheimnisse ihres Hobbies ein.

Und da habt ihr gesagt: Das will ich auch lernen?

Thomas: Am Anfang haben wir uns schwer getan, aber wir haben schnell Spaß an der Sache gefunden. Mit Häkeln kann man sich gut die Zeit vertreiben. Wir entwickelten den Ehrgeiz, eine coole Mütze zu fertigen. Die ersten zwei Abende waren wir auf unsere Häkelwerke fixiert. Dann war sie fertig, die erste eigene Mütze.

Boshi [boschi]

1) japanisch für Mütze. 2) Häkelmützen-Unikat. Mit Mützenkonfigurator und Häkelanleitungen dieses Buches kann sich jeder seine Boshi designen und selber häkeln.

Nicht nur die Boshis sind cool, sondern auch die Verpackung.

Jede Boshi kommt zum Versand in eine stylishe Metalldose.

Felix: Die Kinder sagten schon während der Skikurse, dass wir so tolle „Boshis" aufhaben, das japanische Wort für Mütze. Das Häkelfieber hatte uns gepackt. Jeden Abend wurden neue Farbkombinationen und Muster ausprobiert und die Häkeltechniken verfeinert.

Wie seid ihr darauf gekommen, aus dem Mützenhäkeln ein Business zu machen?

Felix: Dass unsere Boshis ganz ansehnlich aussehen, haben wir gemerkt, weil uns ständig wildfremde Menschen darauf ansprachen. „Ja, die haben wir selbst gemacht" wurde unser Standardspruch. In Tokio liefen uns dann zwei Australier über den Weg. „Hey guys, your beanies are cool. How much do you want for them?" In dem Moment haben wir das erste Mal daran gedacht, ein Geschäft aus dem Mützenhäkeln zu machen.

Und wie ist daraus die Firma myBoshi geworden?

Thomas: Beim nächtlichen Karaoke und einem Fingerhut voll Sake verwandelte sich die anfängliche Schnapsidee in eine handfeste Geschäftsidee. Als diese sich am nächsten Morgen nach etlichen Tassen Kaffee nicht in Luft auflöste, beschlossen wir, es mit den Mützen zu versuchen. In einem Internetcafe sicherten wir uns die Domain „www.myboshi.net". Auf den schier endlosen Zugfahrten über die Inseln haben wir dann unsere Häkeltechnik perfektioniert und einen ersten Businessplan geschrieben.

Wie ging es dann weiter?

Thomas: Zurück in Deutschland kamen Behördengänge, die Gewerbeanmeldung, erste Marketingaktivitäten, das Programmieren unserer Homepage – und die ersten Bestellungen von Freunden. Am 3. März 2009 haben wir unsere erste Boshi in Deutschland verkauft.

Felix: Nach dem Winter 2009/2010, in dem wir nur an Freunde und Freundesfreunde verkauft haben, mussten wir uns entscheiden: Entweder aufhören oder das Ganze professionell aufziehen. Wir haben uns zum Glück für Zweites entschieden. Im Herbst 2010 lancierten wir unsere neue Internetseite, mit der wir voll umsetzten, dass jede Boshi einzigartig sein soll. Mit der damals ersten Version unseres Mützenkonfigurators konnten sich nun alle ihre Mützen gestalten. Diese Innovation brachte uns den Durchbruch.

Das Interview

Erst Boshi häkeln,

... dann Bommel wickeln.

Fertig ist die Boshi für den Versand ...

oder den Verkauf im Helmbrechter Laden.

„Plötzlich bekamen wir viele Anfragen von Journalisten. Sogar von BILD." Thomas

Ihr könnt unmöglich die ganzen Boshis selber häkeln. Wie packt ihr das?

Felix: Anfangs haben wir selber gehäkelt. Als wir das nicht mehr geschafft haben, wurden unsere Mütter eingespannt. Die haben sich riesig gefreut, dass die 25-jährigen Söhne auf einmal abends vorm Fernseher auf der Couch sitzen und mit ihnen häkeln und reden. Als auch das nicht mehr ausgereicht hat, haben wir eine Anzeige in die örtliche Presse geschaltet: „Suchen Heimarbeiter für Häkelarbeiten", stand da. Wir wurden überrannt von Anfragen. So haben wir unser Häklerinnenteam aufgebaut.

Macht ihr das jetzt hauptberuflich?

Thomas: Jein. Zu Beginn lief myBoshi neben dem Studium. Doch mit dem Erfolg kommt auch die Arbeit. In der Zwischenzeit ist es nahezu ein Ganztagesgeschäft.

Felix: Natürlich haben wir noch einiges an Optimierungspotenzial in unseren Abläufen. Aber die gesamte Kundenkorrespondenz, die Logistik, das Lieferantenmanagement und das Umsetzen neuer Ideen können nicht mehr nebenher bewältigt werden. Deshalb haben wir eine recht kluge Arbeitsteilung: Thomas, der mit dem Studium fertig ist, kümmert sich um das Tagesgeschäft. Ich stecke noch mitten im Referendariat und bin deshalb für Projekte zuständig.

Wie habt ihr myBoshi bekannt gemacht? Inzwischen seid ihr ja richtige Medienstars.

Felix: myBoshi ist mit großer Hilfe der Medien bekannt geworden. Los ging es mit Presseberichten in kostenlosen Portalen im Internet. In einem Newsletter unserer Hochschule wurden wir dann erstmals porträtiert. Daraufhin meldete sich eine Zeitung, die uns so interessant fand, dass sie mehr über uns schreiben wollte. Von da an bekamen wir viele Anfragen von Journalisten. Sogar von BILD. Auch Fernsehsender und Radiostationen wollten mit uns sprechen.

Thomas: Das klingt jetzt nach „der Erfolg ist uns zugeflogen", ganz so ist es aber auch nicht. Mit viel Arbeit haben wir eine gute Geschichte aufgebaut. Und mal ehrlich: Junge Typen lernen das Häkeln in Japan, machen daraus ein Internetgeschäft und beschäftigen viele ältere Damen. Das ist doch eine Geschichte, die erzählt werden muss!

Häkelnde Männer ... welche Reaktionen habt ihr erlebt?

Thomas: Der „häkelnde Mann" traut sich nicht so in die Öffentlichkeit. Wir haben jedoch festgestellt, dass es mehr Männer gibt, die häkeln, als man denkt. Wir bekommen oft E-Mails von Männern, die unsere Arbeit toll finden. Durch unser Engagement ist es vielleicht auch einfacher geworden, sich zu outen.

---

myBoshi [mei boschi]

Label für outdoor-erprobte Häkelmützen made in Germany, erreichbar unter www.myboshi.net. Gegründet 2009 von **Thomas Jaenisch** und **Felix Rohland** aus Oberfranken.

Das Interview

In Japan hatten wir unsere Geschäftsidee – und rührten sofort die Werbetrommel für myBoshi.

Jaenisch, Thomas,

Jahrgang 1984, zusammen mit >> **Felix Rohland** Gründer und Geschäftsführer von myBoshi aus Oberfranken. Stammt aus Konradsreuth, lebt heute in Hof. Sportbegeisterter Outdoormensch, Skilehrer, Freerider. Interessiert an Wirtschaft, Politik und Zeitgeschehen. Passionierter Häkler, fertigt nach wie vor die Prototypen für >> **myBoshi** an.

Rohland, Felix,

Jahrgang 1985, zusammen mit >> **Thomas Jaenisch** Gründer und Geschäftsführer von myBoshi aus Oberfranken. Stammt aus Helmbrechts in Oberfranken, lebt heute in München. Begeisterter Outdoor- und Wintersportler, Skilehrer. Häkelmützenträger aus voller Überzeugung. Wenn er seine >> **Boshi** mal nicht dabei hat, häkelt er sich halt schnell eine.

Felix: In unserem ersten Interview sagte die Redakteurin – sie war etwa in unserem Alter – nach einem kurzen Gespräch über uns und über unsere Boshis: „Ganz normal seid ihr aber nicht?" Inzwischen ist das ganz anders. Viele Handarbeitslehrerinnen berichten uns, dass sie unsere Story erzählen und dann alle Kinder Feuer und Flamme sind zu häkeln. Auch im Freundeskreis heißt es nicht mehr: „Ihr und häkeln, das wird doch nix!", sondern: „Das, was ihr macht, ist einfach super!

Wo findet ihr eure Inspirationen?

Thomas: Unsere Inspirationen für neue Modelle und Geschäftsideen finden wir nahezu überall. Wenn man mit offenen Augen durchs Leben schreitet, fallen einem viele Ideen ein. Diese muss man dann gleich aufschreiben und weiter verfolgen.
Felix: Die besten Ideen für Boshis habe ich meist beim Sport oder beim Gang durchs Wolllager.

Ihr steht fest im Leben, seid erfolgreiche Unternehmer: Was seht ihr als eure größte Stärke?

Thomas: Ich lasse mich leicht begeistern und kann andere oft begeistern.
Felix: Wir sind zwei normale Jungs, glauben an uns und lassen uns nicht verbiegen.

Welchen Ratschlag würdet ihr jungen Menschen mit auf den Weg geben, um ihre Ziele zu erreichen?

Felix: Durchhalten und nie das Ziel aus den Augen verlieren.
Thomas: Lasst euch nicht abschrecken von anderen Meinungen. Verfolgt eure Ziele mit Begeisterung! Alles Neue ist erst mal komisch, aber wird oft zum Erfolg.

Wie würdet ihr den Satz vervollständigen: Ich wollte schon immer mal ...

Thomas: ... auf jedem Kontinent Ski gefahren sein.
Felix: ... im Sommer nach Südamerika zum Skifahren.

Was sind eure Lieblingsboshis?

Thomas: Ganz klar, die Otaru.

Skifahren ist unsere Leidenschaft. Und ein guter Test für jede Boshi: Sitzt sie, hält sie warm?

Felix: Bei mir sind es gleich zwei: Modell Niseko und Osaka mit großer Bommel.

Und wie soll es mit myBoshi weitergehen?

Thomas: myBoshi soll natürlich weiter wachsen. Wir wünschen uns, ein richtiges Modelabel zu werden. Boshi soll ein Synonym für eine handgehäkelte Mütze sein. Es bereitet uns einfach große Freude, so viele Köpfe glücklich zu machen.

Felix: Die Zusammenarbeit mit unseren „Häkelomis" macht viel Spaß, aber wir merken auch die soziale Verantwortung, die wir damit übernehmen. Auch ihretwegen wollen wir langfristig erfolgreich sein und ihnen damit weiter ermöglichen, ihr Hobby zum Beruf zu machen. Vielleicht lernen wir eines Tages auch noch stricken und bringen Strickschals auf den Markt. <<

Boshi-Anleitungen und Stories

Boshi-Anleitungen und Stories

Häkle dir deine eigene Boshi

Wir reisten zum Skifahren ins ferne Japan und kamen als Häkelmeister zurück. Mit dem Modell Daito begann unsere Erfolgsgeschichte. Inzwischen sind die unterschiedlichsten Boshis dazugekommen. Auf den folgenden Seiten erfährst du, wie sie gemacht werden*.

Der Clou: Jedes Mützenmodell kannst du ganz leicht abwandeln – einfach mit dem Mützenkonfigurator andere Farbzusammenstellungen ausprobieren und nach Belieben eine Bommel hinzufügen. So siehst du schon vor dem Häkeln, wie die Boshi in deinem Style aussehen wird.

* Wenn du noch nie gehäkelt hast, lies vorher das Kapitel Häkeln Basics ab Seite 79 und übe die verschiedenen Maschen. Lass dich nicht entmutigen, falls deine Mütze anfangs noch nicht perfekt wird. Übung macht den Meister. Nach spätestens drei Boshis hast du es drauf!

Boshi-Anleitungen und Stories

Daitō
einfach einfarbig

Schwierigkeitsgrad ✗ ✗ ✗

fertig in ca. 1,5 h

Boshi-Anleitung
Die Mütze oben beginnen. In der jeweiligen Farbe 4 Lm anschlagen, zum Kreis schließen, dabei in die 1. M 1 hStb arbeiten. Weiter mit hStb arbeiten.

1. Runde
In den Anfangsring 11 hStb häkeln.

2. Runde
Jede M verdoppeln = 22 M.

3. Runde
Jede 3. M verdoppeln = 29 M.

4. Runde
Jede 7. M verdoppeln = 33 M.

5. Runde
33 hStb arbeiten/jede 8. M verdoppeln = 37 M.

6.-10. / 11. Runde
Ohne Zunahmen hStb arbeiten. Dann die Mütze wenden und 1 Rd fM um die gesamte Mütze arbeiten.

Fertigstellen
Die Fäden vernähen.
Evtl. eine Bommel arbeiten und an der Mütze annähen.

Fb = Farbe(n) >> hStb = halbe(s) Stäbchen >> Km = Kettmasche(n) >> Lm = Luftmasche(n) >> M = Masche(n) >> Relief-Stb = Relief-Stäbchen >> R = Reihe(n) >> Rd = Runde(n) >> Stb = Stäbchen >> U = Umschlag >> wdh = wiederholen

Größe
Für Kopfumfang M (52–56 cm) und L (57–60 cm). Die Angaben für Kopfumfang M stehen vor dem Schrägstrich, für Kopfumfang L nach dem Schrägstrich. Steht nur eine Angabe, gilt diese für beide Größen.

Boshi-Material
SMC Select Highland Alpaca in Rot (Fb 2901), 150 g
oder SMC Select Highland Alpaca in Schwarz (Fb 2914), 150 g
oder SMC Select Highland Alpaca in Aubergine (Fb 2906), 150 g
und Schachenmayr/SMC Boston in Mosaikblau (Fb 65), 50 g für Bommel
Häkelnadel 10,0 mm

Maschenprobe
Mit Häkelnd 10,0 mm im Grundmuster 7 M und 5 R = 10 cm x 10 cm

Grundmuster
In Rd hStb arbeiten.

Runden schließen
Die Rd nicht mit 1 Km schließen, sondern in Spiral-Rd arbeiten.

Weitere Farb-Variationen auf der nächsten Seite

Boshi-Anleitungen und Stories

noch mehr Daitō

Daitō aus extradickem Garn hält coole Köpfe kuschelig warm.

designe **deine Daitō** in deinen Farben mit dem Mützenkonfigurator

Heiße Zeit

myBoshi begann als Hobby und Nebenbeschäftigung. Das änderte sich just, als ich von September 2009 bis Februar 2010 meine Diplomarbeit bei einem Elektromotorenhersteller in Hof schrieb. Damals kamen die ersten Fernsehberichte über myBoshi und die nebenberufliche Beschäftigung wurde plötzlich zur tagfüllenden Aufgabe. Die Diplomarbeit sollte aber auch nicht zu kurz kommen, also kürzte ich den Schlaf etwas ab. Ein normaler Arbeitstag sah damals so aus: Aufstehen um 6 Uhr, E-Mails beantworten bis 8 Uhr, ab in die Firma, bei der ich meine Diplomarbeit schrieb, bis 17 Uhr, danach Aufträge drucken und Wolle an die Häklerinnen verteilen bis 21 Uhr, wieder zurück ins Büro und nochmal E-Mails beantworten, Aufträge vorbereiten und Versandaufkleber schreiben bis 1 Uhr. Dann fiel ich erstmal todmüde ins Bett.

Felix hatte sein Studium zwar schon abgeschlossen, doch stand bei ihm als angehendem Lehrer das Referendariat an. Doch auch er nutzte jede freie Minute, um mich aus dem entfernten Freising zu unterstützen. An der neuen Schule war er nach den ersten zwei Wochen bekannt. Ein Schüler seiner 7. Klasse hatte ihn in der Vorschau eines TV-Beitrags über myBoshi erkannt und per Facebook die Klassenkameraden und Freunde aus anderen Klassen alarmiert, den Bericht anzusehen. Die Begeisterung war groß und die Schüler waren stolz, als Wirtschaftslehrer einen „TV-Star" zu haben, der ein eigenes Unternehmen hat und zudem noch coole Mützen macht. Andere Schüler klopften am Lehrerzimmer an, um sich zu erkundigen, ob er das wirklich gewesen sei, und um mehr über myBoshi zu erfahren. **<<**

Boshi-Anleitungen und Stories

Nemuro
super trendy
Schwierigkeitsgrad × × ×

fertig in ca. 2 h

Boshi-Anleitung
Die Mütze oben beginnen. In der jeweiligen Farbe 4 Lm anschlagen, zum Kreis schließen, dabei in die 1. M 1 hStb arbeiten. Weiter mit hStb arbeiten.

1. Runde
In den Anfangsring 11 hStb häkeln.

2. Runde
Jede M verdoppeln = 22 M.

3. Runde
Jede 3. M verdoppeln = 29 M.

4. Runde
Jede 7. M verdoppeln = 33 M.

5. Runde
33 hStb arbeiten/jede 8. M verdoppeln = 37 M.

6.-14./15. Runde
Ohne Zunahmen hStb arbeiten. Dann die Mütze wenden und 1 Rd fM um die gesamte Mütze arbeiten.

Fertigstellen
Die Fäden vernähen.
Evtl. eine Bommel arbeiten und an der Mütze annähen.

Fb = Farbe(n) >> hStb = halbe(s) Stäbchen >> Km = Kettmasche(n) >> Lm = Luftmasche(n) >> M = Masche(n) >> Relief-Stb = Relief-Stäbchen >> R = Reihe(n) >> Rd = Runde(n) >> Stb = Stäbchen >> U = Umschlag >> wdh = wiederholen

Weitere Farb-Variationen auf der nächsten Seite →

Größe
Für Kopfumfang M (52–56 cm) und L (57–60 cm). Die Angaben für Kopfumfang M stehen vor dem Schrägstrich, für Kopfumfang L nach dem Schrägstrich. Steht nur eine Angabe, gilt diese für beide Größen.

Boshi-Material
SMC Select Highland Alpaca in Petrol (Fb 2980), 200 g oder SMC Select Highland Alpaca in Schwarz (Fb 2914), 200 g oder
SMC Select Highland Alpaca in Rot (Fb 2901), 200 g
Häkelnadel 10,0 mm

Maschenprobe
Mit Häkelnd 10,0 mm im Grundmuster 7 M und 5 R = 10 cm x 10 cm

Grundmuster
In Rd hStb arbeiten.

Runden schließen
Die Rd nicht mit 1 Km schließen, sondern in Spiral-Rd arbeiten.

Boshi-Anleitungen und Stories

noch mehr Nemuro

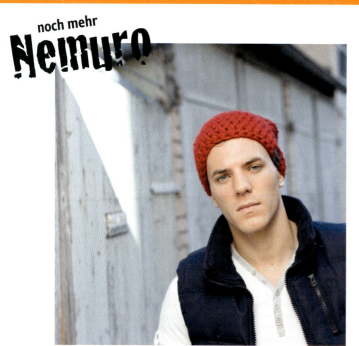

Die Oversize-Boshi kann lässig abgeknickt werden und bietet auch für längere Haare genügend Platz.

designe **deine Nemuro** in deinen Farben

mit dem Mützenkonfigurator

Boshis gehen um die Welt

So wie der Name myBoshi, eine englisch-japanisch Wortneuschöpfung, ist auch die Idee für die erste Boshi im beschaulichen Hachi-Kogen in Japan geboren worden. Die Häkeltechnik für die ersten Boshis erklärte uns eine spanische Skilehrerkollegin. Umgesetzt haben wir unsere Idee vom professionellen Mützenhäkeln dann im oberfränkischen Helmbrechts. Nun setzen die Boshis ihren Weg rund um den Globus fort.

myBoshi-Mützen finden ihre Liebhaber mittlerweile weit über die Landesgrenzen von Deutschland hinaus. Viele Fans kommen aus Österreich, Italien oder der Schweiz. Das eine oder andere Paket ist schon nach Australien oder in die USA versendet worden. Viele Boshis gehen auch mit ihren stolzen Besitzern auf weite Reisen um die ganze Welt: Boshis beim Snowboarden in Chile, mit Bikini in Australien, beim Schneeschippen in Kanada, als Hitzeschild in der Wüste Dakar oder beim Badeurlaub in der Türkei. <<

Beppu
lustig geringelt

Schwierigkeitsgrad ✗ ✗ ✗

fertig in ca. 2,5 h

Boshi-Anleitung
Die Mütze oben beginnen. 4 Lm in Fb 1 anschlagen, zum Kreis schließen, dabei in die 1. Masche 1 hStb arbeiten. Weiter mit hStb arbeiten.

1. Runde
In den Anfangsring 11 hStb häkeln.

2. Runde
Jede M verdoppeln = 22 M.

3. Runde
Jede 3. M verdoppeln = 29 M.

4 Runde
Jede 4. M verdoppeln = 36 M.

5. Runde
Jede 5. M verdoppeln = 43 M.

6. Runde
Jede 6. M verdoppeln = 50 M.

7. Runde
50 hStb arbeiten/jede 12. M verdoppeln = 54 M.

8.-17./18. Runde
Ohne Zunahmen hStb arbeiten. Dann die Mütze wenden und 1 Rd fM um die gesamte Mütze arbeiten.

Fertigstellen
Die Fäden vernähen.
Evtl. eine Bommel arbeiten und an der Mütze annähen.

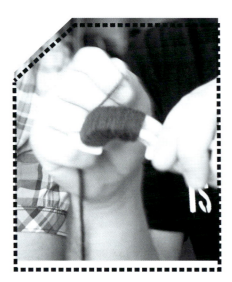

Fb = Farbe(n) >> hStb = halbe(s) Stäbchen >> Km = Kettmasche(n) >> Lm = Luftmasche(n) >> M = Masche(n) >> Relief-Stb = Relief-Stäbchen >> R = Reihe(n) >> Rd = Runde(n) >> Stb = Stäbchen >> U = Umschlag >> wdh = wiederholen

Größe
Für Kopfumfang M (52–56 cm) und L (57–60 cm). Die Angaben für Kopfumfang M stehen vor dem Schrägstrich, für Kopfumfang L nach dem Schrägstrich. Steht nur eine Angabe, gilt diese für beide Größen.

Boshi-Material
Schachenmayr/SMC Boston, Fb 1: Sisal (Fb 04), 100 g; Fb 2: Schoko (Fb 10), 50 g oder Schachenmayr/SMC Silenzio, Fb 1: Lavendel (Fb 48), 100 g; Fb 2: Petrol (Fb 69), 50 g
Häkelnadel 6,0 mm

Maschenprobe
Mit Häkelnd 6,0 mm im Grundmuster 9-10 M und 8 R = 10 cm x 10 cm

Grundmuster
In Rd hStb arbeiten.

Runden schließen
Die Rd immer schließen, um einen Versatz beim Farbwechsel zu vermeiden. Dazu die Rd mit 1 Km beenden. Die neue Rd mit 1 Lm beginnen, anschließend mit hStb weiterarbeiten.

Farbfolge
12 Rd/13 Rd in Fb 1,
1 Rd in Fb 2,
2 Rd in Fb 1,
1 Rd in Fb 2,
1 Rd in Fb 1,
1 Rückrd in Fb 1.

Boshi-Anleitungen und Stories

noch mehr Beppu

Beppu wirkt auch mit lässiger Bommel super, zum Beispiel farblich abgestimmt auf die Streifen.

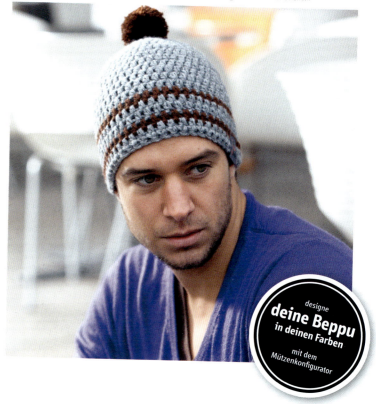

designe deine Beppu in deinen Farben mit dem Mützenkonfigurator

Von Anfang an

Eines Tages erreichte uns die E-Mail eines Boshiträgers. Er wollte seinem Kind eine Boshi schenken und fragte, ob wir das auch machen können. Wir bieten eigentlich keine Kinderboshis an, weil Kinderköpfe zu schnell wachsen. Aber wir schlugen ihm vor, uns den genauen Kopfumfang mitzuteilen, dann könnten wir den Auftrag gerne ausführen.

Als wir die Antwort bekamen, legten wir sofort los, denn er sagte: „Den Kopfumfang kann ich euch noch nicht sagen, meine Tochter kommt erst morgen auf die Welt! <<

Boshi-Anleitungen und Stories

Ome
mit coolen Streifen

Schwierigkeitsgrad ✗ ✗ ✗

Boshi-Anleitung
Die Mütze oben beginnen. 4 Lm in Fb 1 anschlagen, zum Kreis schließen, dabei in die 1. Masche 1 hStb arbeiten. Weiter mit hStb arbeiten.

1. Runde
In den Anfangsring 11 hStb häkeln.

2. Runde
Jede M verdoppeln = 22 M.

3. Runde
Jede 2. M verdoppeln = 33 M.

4. Runde
Jede 3. M verdoppeln = 44 M.

5. Runde
Jede 7. M verdoppeln = 50 M.

6. Runde
50 hStb arbeiten/jede 12. M verdoppeln = 54 M.

7.-17./18. Runde
Ohne Zunahmen hStb arbeiten. Dann die Mütze wenden und 1 Rd fM um die gesamte Mütze arbeiten.

Fertigstellen
Die Fäden vernähen.
Evtl. eine Bommel arbeiten und an der Mütze annähen.

Fb = Farbe(n) >> hStb = halbe(s) Stäbchen >> Km = Kettmasche(n) >> Lm = Luftmasche(n) >> M = Masche(n) >> Relief-Stb = Relief-Stäbchen >> R = Reihe(n) >> Rd = Runde(n) >> Stb = Stäbchen >> U = Umschlag >> wdh = wiederholen

Größe
Für Kopfumfang M (52–56 cm) und L (57–60 cm). Die Angaben für Kopfumfang M stehen vor dem Schrägstrich, für Kopfumfang L nach dem Schrägstrich. Steht nur eine Angabe, gilt diese für beide Größen.

Boshi-Material
Schachenmayr/SMC Silenzio, Fb 1: Anthrazit meliert (Fb 98); Fb 2: Kiesel meliert (Fb 90), je 50 g oder Schachenmayr/SMC Boston, Fb1: Mosaikblau (Fb 65); Fb 2: Pink (Fb 35), je 50 g
Häkelnadel 6,0 mm

Maschenprobe
Mit Häkelnd 6,0 mm im Grundmuster 9-10 M und 8 R = 10 cm x 10 cm

Grundmuster
In Rd hStb arbeiten.

Runden schließen
Die Rd immer schließen, um einen Versatz beim Farbwechsel zu vermeiden. Dazu die Rd mit 1 Km beenden. Die neue Rd mit 1 Lm beginnen, anschließend mit hStb weiterarbeiten.

Farbfolge
2 Rd/3 Rd in Fb 1,
2 Rd in Fb 2,
4 Rd in Fb 1,
2 Rd in Fb 2,
4 Rd in Fb 1,
2 Rd in Fb 2,
1 Rd in Fb 1,
1 Rückrd in Fb 1.

Weitere Farb-Variationen auf der nächsten Seite →

Boshi-Anleitungen und Stories

noch mehr Ome

Schlicht oder knallig, mit Bommel oder ohne – bei Ome ist alles möglich.

designe deine Ome in deinen Farben mit dem Mützenkonfigurator

Erfolg hat viele Väter

... und Mütter, Geschwister, Freunde. Anfangs reagierten unsere Familie und Freunde doch etwas irritiert auf Häkelnadeln und Wolle. Inzwischen sind aber vor allem unsere Mütter im „Boshi-Fieber". Manchmal häkeln sie mit oder blättern in Zeitschriften nach neuen Mustern.

Unsere Väter haben mit der Handarbeit immer noch wenig am Hut, unterstützten uns aber bei der Firmengründung und stehen uns auch heute noch mit Rat und Tat zur Seite. Unsere Geschwister und Freunde sind ebenso Teil unseres Erfolgsteams. Sie tragen unsere Mützen und machen so Werbung für unser Label. <<

Ōsaka
klassisch gestreift

Schwierigkeitsgrad ✗ ✗ ✗

fertig in ca. 2,5 h

Boshi-Anleitung
Die Mütze oben beginnen. 4 Lm in Fb 1 anschlagen, zum Kreis schließen, dabei in die 1. M 1 hStb arbeiten. Weiter mit hStb arbeiten.

1. Runde
In den Anfangsring 11 hStb häkeln.

2. Runde
Jede M verdoppeln = 22 M.

3. Runde
Jede 5. M verdoppeln = 26 M.

4. Runde
Jede 4. M verdoppeln = 32 M.

5. Runde
32 hStb arbeiten/jede 15. M verdoppeln = 34 M.

6.-10./11. Runde
Ohne Zunahmen hStb arbeiten. Dann die Mütze wenden und 1 Rd fM um die gesamte Mütze arbeiten.

Fertigstellen
Die Fäden vernähen.
Evtl. eine Bommel arbeiten und an der Mütze annähen.

Fb = Farbe(n) >> hStb = halbe(s) Stäbchen >> Km = Kettmasche(n) >> Lm = Luftmasche(n) >> M = Masche(n) >> Relief-Stb = Relief-Stäbchen >> R = Reihe(n) >> Rd = Runde(n) >> Stb = Stäbchen >> U = Umschlag >> wdh = wiederholen

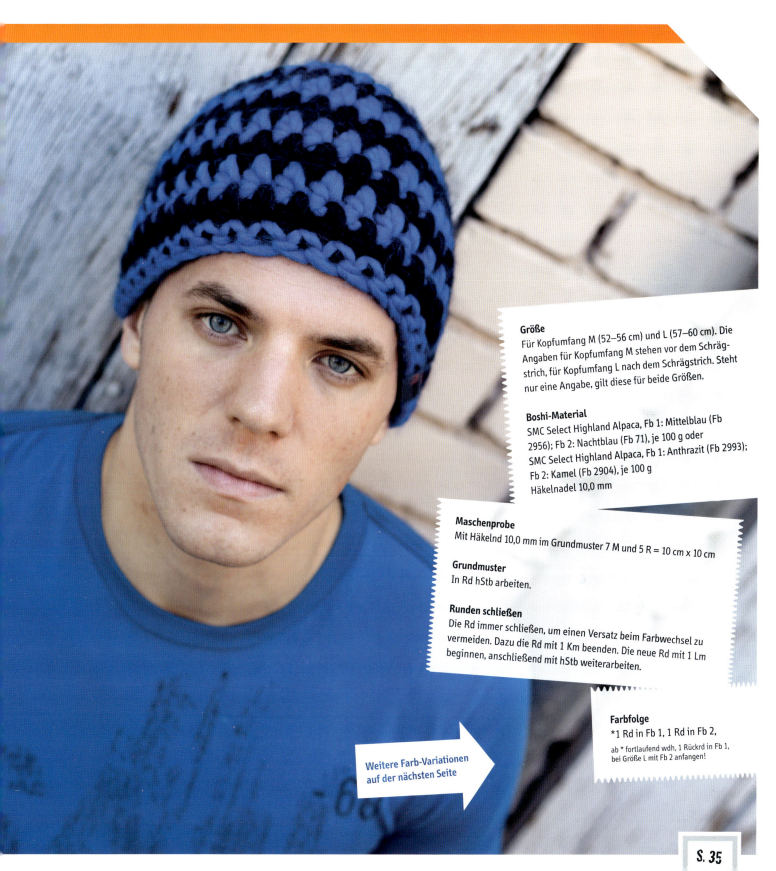

Größe
Für Kopfumfang M (52–56 cm) und L (57–60 cm). Die Angaben für Kopfumfang M stehen vor dem Schrägstrich, für Kopfumfang L nach dem Schrägstrich. Steht nur eine Angabe, gilt diese für beide Größen.

Boshi-Material
SMC Select Highland Alpaca, Fb 1: Mittelblau (Fb 2956); Fb 2: Nachtblau (Fb 71), je 100 g oder SMC Select Highland Alpaca, Fb 1: Anthrazit (Fb 2993); Fb 2: Kamel (Fb 2904), je 100 g
Häkelnadel 10,0 mm

Maschenprobe
Mit Häkelnd 10,0 mm im Grundmuster 7 M und 5 R = 10 cm x 10 cm

Grundmuster
In Rd hStb arbeiten.

Runden schließen
Die Rd immer schließen, um einen Versatz beim Farbwechsel zu vermeiden. Dazu die Rd mit 1 Km beenden. Die neue Rd mit 1 Lm beginnen, anschließend mit hStb weiterarbeiten.

Farbfolge
*1 Rd in Fb 1, 1 Rd in Fb 2, ab * fortlaufend wdh, 1 Rückrd in Fb 1, bei Größe L mit Fb 2 anfangen!

Weitere Farb-Variationen auf der nächsten Seite

Boshi-Anleitungen und Stories

noch mehr Ōsaka

Die stylische Ōsaka mit Ringelmuster bringt Abwechslung auf den Kopf.

designe **deine Ōsaka** in deinen Farben mit dem Mützenkonfigurator

Häkeln reloaded

Viele Leute sprechen uns inzwischen an: „Häkeln kann ich auch, dass haben wir in der Grundschule gelernt, allerdings haben wir immer Topflappen gehäkelt!" Da können wir nicht viel dagegenhalten. Denn bei uns ist es ähnlich gelaufen. Der Handarbeitsunterricht gehörte nicht gerade zu unseren Lieblingsfächern.

Heute ist es glücklicherweise anders. Häkeln wird an meiner ehemaligen Grundschule zum Event, da der wohl erfolgreichste Häkler des Dorfes eingeladen wird, um die 3. Klasse für diese traditionelle Handarbeit zu begeistern. <<

Boshi-Anleitungen und Stories

Niseko
der Zipfel macht's
Schwierigkeitsgrad ✗ ✗ ✗

fertig in ca. 3 h

Boshi-Anleitung
Die Mütze oben beginnen. 4 Lm in Fb 1 anschlagen, zum Kreis schließen, dabei in die 1. M 1 hStb arbeiten. Weiter mit hStb arbeiten.

1. Runde
In den Anfangsring 11 hStb häkeln.

2. Runde
Jede M verdoppeln = 22 M.

3. Runde
Jede 3. M verdoppeln = 29 M.

4. Runde
Jede 5. M verdoppeln = 34 M.

5. Runde
Jede 5. M verdoppeln = 40 M.

6. Runde
Jede 6. M verdoppeln = 46 M.

7. Runde
Jede 12. M verdoppeln = 49 M.

8. Runde
49 M arbeiten/jede 12. M verdoppeln = 53 M.

9.-24./25. Runde
Ohne Zunahmen hStb arbeiten. Dann die Mütze wenden und 1 Rd fM um die gesamte Mütze arbeiten.

Fertigstellen
Die Fäden vernähen.
Evtl. eine Bommel fertigen und an der Mütze annähen.

Fb = Farbe(n) >> hStb = halbe(s) Stäbchen >> Km = Kettmasche(n) >> Lm = Luftmasche(n) >> M = Masche(n) >> Relief-Stb = Relief-Stäbchen >> R = Reihe(n) >> Rd = Runde(n) >> Stb = Stäbchen >> U = Umschlag >> wdh = wiederholen

Größe
Für Kopfumfang M (52–56 cm) und L (57–60 cm). Die Angaben für Kopfumfang M stehen vor dem Schrägstrich, für Kopfumfang L nach dem Schrägstrich. Steht nur eine Angabe, gilt diese für beide Größen.

Boshi-Material
Schachenmayr/SMC Boston, Fb 1: Schwarz (Fb 99); Fb 2: Mittelgrau (Fb 92), je 100 g oder Schachenmayr/SMC Silenzio, Fb 1: Malachit (Fb 73); Fb 2: Moos (Fb 71), je 100 g oder Schachenmayr/SMC Silenzio, Fb 1: Pink Melange (Fb 36); Fb 2: Lavendel (Fb 48), je 100 g
Häkelnadel 6,0 mm

Maschenprobe
Mit Häkelnd 6,0 mm im Grundmuster 9-10 M und 8 R = 10 cm x 10 cm

Grundmuster
In Rd hStb arbeiten.

Runden schließen
Die Rd immer schließen, um einen Versatz beim Farbwechsel zu vermeiden. Dazu die Rd mit 1 Km beenden. Die neue Rd mit 1 Lm beginnen, anschließend mit hStb weiterarbeiten.

Farbfolge
*1 Rd in Fb 2, 1 Rd in Fb 1, ab * fortlaufend wdh, 1 Rückrd in Fb 1., bei Größe L mit Fb 1 beginnen.

Weitere Farb-Variationen auf der nächsten Seite →

Boshi-Anleitungen und Stories

noch mehr Niseko

Diese geringelte Oversize-Boshi ist der Bestseller in unserem Shop.

designe deine Niseko in deinen Farben mit dem Mützenkonfigurator

S. 41

Hachiman quer gehäkelt

Schwierigkeitsgrad × × ×

fertig in ca. 4 h

Boshi-Anleitung

In Fb 1 25 Lm und 2 Lm für den Rand anschlagen. Im Rippenmuster nach der Farbfolge häkeln, dabei in der 2. R am R-Ende anstatt der letzten 8 hStb 8 fM häkeln. In der 4. R am R-Ende anstatt der letzten 5 hStb 5 fM häkeln. In jeder 2. R, also in einer R mit hStb, am R-Ende abwechselnd 8 fM und 5 fM häkeln. Das Häkelteil mit der Außenseite nach oben zur Hälfte legen und die Kanten zusammenhäkeln.

Am unteren Rand die Mütze in Fb 3 mit 1 Rd Km umhäkeln. Anschließend 1 Rd fM häkeln, dabei nur das halbe Maschenglied der Km umfassen. Am R-Ende 1 Km in die 1. fM häkeln.

Rippenmuster

Lm-Anschlag plus 2 Lm für den Rand der 1. R.

1. Reihe (Rückreihe)

Stb häkeln, dabei für das 1. Stb in die 4. Lm ab Häkelnd einstechen, mit 2 Lm für die nächste R enden.

2. Reihe (Hinreihe)

hStb häkeln, dabei das 1. hStb in das vorletzte Stb der 1. R arbeiten. Am R-Ende das letzte hStb in die 2. Rand-Lm häkeln, 2 Lm.

3. Reihe (Rückreihe)

Relief-Stb jeweils um die M der Vor-R häkeln, dafür 1 U auf die Häkelnd nehmen, mit der Häkelnd von oben vor der M und direkt unterhalb des Abmaschgliedes einstechen. Nach der M wieder ausstechen, Faden holen und durchziehen. Das Relief-Stb wie ein einfaches Stb fertig häkeln. Am R-Ende 1 hStb in die 2. Rand-Lm häkeln, 2 Lm.

4. Reihe (Hinreihe)

hStb häkeln, dabei das 1. hStb in die vorletzte M der vorhergehenden R häkeln. Am R-Ende das letzte hStb in die 2. Rand-Lm häkeln, 2 Lm für die nächste R.
Die 3. R und 4. R stets wdh.

Fertigstellen

Den offenen oberen Rand der Mütze raffen, dazu einen Wollfaden einziehen und nur die Maschenglieder der Rippen erfassen. Die Fadenenden zusammenziehen und den Mützenrand raffen, sodass nur noch eine kleine Öffnung bleibt. Die Fäden vernähen. Evtl. eine Bommel arbeiten und an der Mütze annähen.

Fb = Farbe(n) >> hStb = halbe(s) Stäbchen >> Km = Kettmasche(n) >> Lm = Luftmasche(n) >> M = Masche(n) >> Relief-Stb = Relief-Stäbchen >> R = Reihe(n) >> Rd = Runde(n) >> Stb = Stäbchen >> U = Umschlag >> wdh = wiederholen

Größe
Für Kopfumfang M (52–56 cm) und L (57–60 cm). Die Angaben für Kopfumfang M stehen vor dem Schrägstrich, für Kopfumfang L nach dem Schrägstrich. Steht nur eine Angabe, gilt diese für beide Größen

Boshi-Material
Schachenmayr/SMC Boston, Fb 1: Sisal (Fb 04); Fb 2: Mittelgrau (Fb 92); Fb 3: Mosaikblau (Fb 65), je 50 g
oder Schachenmayr/SMC Boston, Fb 1: Schwarz (Fb 99), 100 g; Fb 2: Pink (Fb 35), 50 g; Fb 3: Feuer (Fb 30), 50 g
Häkelnadel 8,0 mm

Maschenprobe
Mit Häkelnadel 8,0 mm im Rippenmuster 9 M und 6 R = 10 cm x 10 cm.

Farbfolge A
*2 R in Fb 1, 2 R in Fb 2, 2 R in Fb 3, ab * 5 x wdh. Anschließend noch 2 R in Fb 3 häkeln /2 R in Fb 2 und und 2 R in Fb 3 häkeln. Insgesamt 32/34 R = 53,5/57 cm.

Farbfolge B
8 R in Fb 1, 8/9 R in Fb 2,
8 R in Fb 1, 8/9 R in Fb 3

Weitere Farb Variationen auf der nächsten Seite

Boshi-Anleitungen und Stories

Hachiman noch mehr

Der Beanie mit cooler Rippenstruktur steht ihr und ihm.

designe deine Hachiman in deinen Farben mit dem Mützenkonfigurator

Boshi schlägt Topflappen

So cool ist das Handwerk Häkeln. Vor einer Weile erreichte uns folgende (gekürzte) E-Mail: „Eure Boshis schlagen ja ganz schöne Wellen! Bei uns scheint inzwischen jeder eure kultige Kopfbedeckung zu kennen. Mein 12-jähriger Sohn ist der festen Überzeugung, dass er unbedingt so eine coole Mütze braucht.

Sein Problem ist, dass er gerade sein ganzes Geld in ein Snowboard investiert hat, sprich keine 50 Euro für die von ihm begehrte „Otaru" mehr zusammenkriegt. Also machte ich ihm den Vorschlag, er könne sich ja selber eine häkeln. Darauf ging er sofort begeistert ein! Ich finde, eure Mützen haben das Zeug zu einer kleinen Jugendbewegung. Eine Häkel-AG an der Schule wäre bestimmt sofort überfüllt, wenn dort solche Objekte gefertigt würden statt Topflappen."

– Wir hoffen, dass mit diesem Buch die Anleitung für viele Häkel-AGs gegeben wird und noch viele andere 12-Jährige (und viele andere mehr) ihre eigene Boshi häkeln können. <<

Boshi-Anleitungen und Stories

Saitama
trendy mit Schild
Schwierigkeitsgrad × × ×

fertig in ca. 4 h

Boshi-Anleitung – Mütze
Die Mütze oben beginnen. 4 Lm in Fb 1 anschlagen, zum Kreis schließen, dabei in die 1. M 1 hStb arbeiten. Weiter mit hStb arbeiten.

1. Runde
In den Anfangsring 10 hStb häkeln.

2. Runde
Jede M verdoppeln = 20 M.

3. Runde
Jede 3. M verdoppeln = 26 M.

4. Runde
Jede 3. M verdoppeln = 34 M.

5. Runde
33 hStb häkeln/jede 8. M verdoppeln = 38 M.

6.-11./12. Runde
Ohne Zunahmen hStb arbeiten.

Boshi-Anleitung – Schild

1. Reihe
In Fb1 die ersten 11/13 M von der hinteren Mitte aus mit hStb behäkeln. Über die mittleren 12 M jede 2. M verdoppeln, die letzten 11/13 M wieder jeweils mit 1 hStb behäkeln = 40/44 M. Den Faden mit einem längeren Ende abschneiden und hängen lassen, damit am Ende die gesamte Mütze umhäkeln.

2. Reihe
11/13 M beidseits unbehäkelt lassen, in Fb2 1 fM und 1 hStb in dieselbe M arbeiten, 16 Stb häkeln, 1 hStb und 1 fM in dieselbe M arbeiten, wenden.

3. Reihe
Die Rückr ebenfalls in die M der 1. Schild-Rd, also parallel zur 2. R einstechen, wie die 2. R häkeln.

Fertigstellen
Die Mütze wenden und 1 Rd fM mit dem langen Faden um die gesamte Mütze häkeln. Dabei die beiden Stb-R des Schildes zusammenhäkeln. Die Fäden vernähen. Evtl. eine Bommel arbeiten und an der Mütze annähen.

Fb = Farbe(n) >> hStb = halbe(s) Stäbchen >> Km = Kettmasche(n) >> Lm = Luftmasche(n) >> M = Masche(n) >> Relief-Stb = Relief-Stäbchen >> R = Reihe(n) >> Rd = Runde(n) >> Stb = Stäbchen >> U = Umschlag >> wdh = wiederholen

Weitere Farb-Variationen auf der nächsten Seite

Größe
Für Kopfumfang M (52–56 cm) und L (57–60 cm). Die Angaben für Kopfumfang M stehen vor dem Schrägstrich, für Kopfumfang L nach dem Schrägstrich. Steht nur eine Angabe, gilt diese für beide Größen.

Boshi-Material
SMC Select Highland Alpaca, Fb 1: Weinrot (Fb 2933); Fb 2: Rosenholz (Fb 2935), je 100 g
oder SMC Select Highland Alpaca, Fb 1: Pink (Fb 2945); Fb 2: Gras (Fb 2967), je 100 g
Häkelnadel 10,0 mm

Maschenprobe
Mit Häkelnd 10,0 mm im Grundmuster 7 M und 5 R = 10 cm x 10 cm

Grundmuster
In Rd hStb arbeiten.

Runden schließen
Die Rd immer schließen, um einen Versatz beim Farbwechsel zu vermeiden. Dazu die Rd mit 1 Km beenden. Die neue Rd mit 1 Lm beginnen, anschließend mit hStb weiterarbeiten.

Farbfolge
*2/3 Rd in Fb 1,
1 Rd in Fb 2,
1 Rd in Fb 1,
3 Rd in Fb 2,
1 Rd in Fb 1,
1 Rd in Fb 2,
2 Rd in Fb 1,
Schild in Fb 2,
Rückrd in Fb 1.

Boshi-Anleitungen und Stories

Saitama noch mehr

Das Muster von Saitama kommt besonders bei knalligen Farben zur Geltung.

designe deine Saitama in deinen Farben mit dem Mützenkonfigurator

Der Aha-Effekt

In unserem Geschäft in Helmbrechts konnten wir anfangs die besten Studien über unsere Käuferschaft machen. Nach einiger Zeit hatten wir nahezu repräsentative Kunden, die uns in unserem Marketing unterstützten und bekräftigten. Allerdings fanden wir auch etwas Unerwartetes heraus: Unsere Boshi „Saitama" wurde bevorzugt von älteren Damen zwischen 70 und 80 Jahren gekauft.

Damit hatten wir nicht gerechnet! Bei der nächsten Dame fragten wir nach und heraus kam: „Ich mag die Mütze so gerne, weil sie hinten etwas länger ist und so schön im Nacken wärmt!" Jetzt wussten wir es. Die Boshi wurde falsch herum aufgesetzt, sodass das modische Gimmick einen praxistauglichen Nutzen bekam. „Das einzige, was mir an der Mütze nicht gefällt, ist das Markenschild an der Seite. Aber das mache ich mir selber ab!", ergänzte die Dame dann noch. <<

Tokio
Großstadtflair
Schwierigkeitsgrad × × ×

fertig in ca. 4 h

Boshi-Anleitung – Mütze
Die Mütze oben beginnen. 4 Lm in Fb 1 anschlagen, zum Kreis schließen und jeweils 1 fM, 1 Lm im Wechsel häkeln.

1. Runde
2 Lm, *1 fM, 1 Lm, ab * noch 7x wdh = 8 fM.

2. Runde
*1 Lm, 1 fM, ab * wdh, dabei die M in die 1. R so einstechen, dass die fM in die Lm trifft und die Lm über der fM liegt. Dabei in jede 2. Lm 1 fM, 1 Lm, 1 fM häkeln = 12 fM.

3. Runde
*1 fM, 1 Lm, ab * wdh, dabei in jede 3. Lm 1 fM, 1 Lm, 1 fM häkeln = 16 fM.

4. Runde
In jede 3. Lm 1 fM, 1 Lm, 1 fM häkeln = 21 fM.

5. Runde
In jede 4. Lm 1 fM, 1 Lm, 1 fM häkeln = 26 fM.

6. Runde
In jede 4. Lm/3. Lm 1 fM, 1 Lm, 1 fM häkeln = 32 fM/34 fM.

7.-22. Runde
32 fM/34 fM häkeln, dabei 1 Lm, 1 fM arbeiten.

Boshi-Anleitung – Schild

1. Reihe
Nur noch fM häkeln, dabei sowohl in die fM als auch in die Lm der Vorrd einstechen: * 5 fM, 1 Lm der Vorrd überspringen, für Größe M ab * noch 2x wdh, dann noch 4 fM häkeln. Für Größe L ab * noch 3x wdh. Weiter 10x die fM der Vorrd verdoppeln, in die Lm der Vorrd je 1 fM häkeln (= 30 Schild-M). Über den Rest der M wieder wie am Anfang der Rd häkeln = insgesamt 68/70 fM.
Den Faden mit einem längeren Ende abschneiden und hängen lassen, damit am Ende die gesamte Mütze umhäkeln.

2. Reihe
19/20 fM beidseits unbehäkelt lassen, 1Km, 1 fM, 1 hStb, 24 Stb häkeln, 1 hStb, 1 fM, 1 Km häkeln, wenden.

3. Reihe
Die Rückr ebenfalls in die M der 1. Schild-Rd, also parallel zur 2. R einstechen, wie die 2. R häkeln.

Fertigstellen
Die Mütze wenden und 1 Rd fM mit dem langen Faden um die gesamte Mütze häkeln. Dabei die beiden Stb-R des Schildes zusammenhäkeln. Die Fäden vernähen. Evtl. eine Bommel arbeiten und an der Mütze annähen.

Fb = Farbe(n) >> hStb = halbe(s) Stäbchen >> Km = Kettmasche(n) >> Lm = Luftmasche(n) >> M = Masche(n) >> Relief-Stb = Relief-Stäbchen >> R = Reihe(n) >> Rd = Runde(n) >> Stb = Stäbchen >> U = Umschlag >> wdh = wiederholen

Größe
Für Kopfumfang M (52–56 cm) und L (57–60 cm). Die Angaben für Kopfumfang M stehen vor dem Schrägstrich, für Kopf-umfang L nach dem Schrägstrich. Steht nur eine Angabe, gilt diese für beide Größen.

Boshi-Material
Schachenmayr/SMC Silenzio, Fb 1: Granit meliert (Fb 92); Fb 2: Nuss meliert (Fb 10), je 50 g
oder Schachenmayr/SMC Boston, Fb 1: Indigo (Fb 54); Fb 2: Mosaikblau (Fb 65), je 50 g
Häkelnadel 6,0 mm

Maschenprobe
Mit Häkelnd 6,0 mm im Grundmuster 9-10 M und 8 R = 10 cm x 10 cm

Grundmuster
1 fM, 1 Lm im Wechsel häkeln.

Farbfolge
*1 Rd in Fb 1, 1 Rd in Fb 2, ab * fortlaufend wdh, Schild in Fb 1, 1 Rückrd in Fb 1.

Runden schließen
Jede Reihe beginnt mit 2 Lm und endet mit 1 Lm in der anderen Fb und 1 Km. Die Km vor der 1. fM der darunterliegenden Reihe einstechen.

Boshi-Anleitungen und Stories

noch mehr Tokio

Das Dach von Tokio sorgt dafür, dass du auch bei tief stehender Sonne nicht geblendet wirst.

designe **deine Tokio** in deinen Farben

mit dem Mützenkonfigurator

Einmalig sein

Wir haben unser Business myBoshi mit einer Häkelnadel und zwei Knäueln Wolle begonnen und uns alles an Geld, was wir für den weiteren Aufbau unseres Labels brauchten, selbst verdient. Bestimmt wäre es mit einer Bankfinanzierung schneller gegangen, aber unsere verrückte Idee, Boshis zu häkeln, wäre wahrscheinlich nicht so interessant für Investoren gewesen. Wir haben immer daran geglaubt, dass unsere Geschäftsidee erfolgreich sein kann: sich von Massenproduktion und Einheitsbrei abzuheben, echte Unikate zu machen, gefertigt in Oberfranken.

Die Massenproduktion überlassen wir anderen. Wir wollen jedem Kopf seinen selbst gestalteten Deckel verpassen. Bei uns wird jeder zu seinem eigenen Boshi-Designer. Dafür haben wir den Mützenkonfigurator entwickelt. Mit dem Programm kann jeder seine Mütze nach seinem Geschmack entwerfen: mit oder ohne Bommel, mit Käppi-Ansatz oder einfach rund, kunterbunt oder erdfarben, mit schmalen oder breiten Farbstreifen. Die Boshis werden exakt nach den Vorstellungen des Kunden von unseren Häkel-Omis in liebevoller Handarbeit gemacht und dann in einer coolen Metalldose verpackt verschickt. Mit unseren Boshis kann jeder Träger zeigen, welcher Charakterkopf darunter steckt. <<

Kōbe mit Ohrenklappen

Schwierigkeitsgrad × × ×

fertig in ca. 4 h

Boshi-Anleitung – Mütze
Die Mütze oben beginnen. 4 Lm in der gewünschten Fb anschlagen, zum Kreis schließen und Stb arbeiten.

1. Runde
In den Anfangsring 11 Stb häkeln.

2. Runde
Jede M verdoppeln = 22 M.

3. Runde
Jede 2. M verdoppeln = 33 M.

4. Runde
Jede 3. M verdoppeln = 44 M.

5. Runde
Jede 6. M verdoppeln = 51 M.

6. Runde
50 Stb arbeiten/Jede 12. M verdoppeln = 55 M.

7.-11./7.-12. Runde
Ohne Zunahmen Stb arbeiten.

Boshi-Anleitung – Ohrenklappe
Für die Ohrenklappen von der hinteren Mitte aus 5 M beidseits gezählt unbehäkelt lassen und die Ohrenklappen bei der 6. M von hinten beginnen.

1. Reihe
8 Stb häkeln, wenden.

2. Reihe
7 fM häkeln, wenden.

3. Reihe
6 Stb häkeln, wenden.

4. Reihe
5 fM häkeln, wenden.

6. Reihe
5 hStb häkeln.
Die zweite Ohrenklappe genauso arbeiten.

Fertigstellen
1 Rd fM um die gesamte Mütze häkeln. Die Mütze wenden und nochmals 1 Rd fM arbeiten. Die Fäden vernähen. Evtl. eine Bommel arbeiten und an der Mütze annähen.

Weitere Farb-Variationen auf der nächsten Seite

Größe
Für Kopfumfang M (52–56 cm) und L (57–60 cm). Die Angaben für Kopfumfang M stehen vor dem Schrägstrich, für Kopfumfang L nach dem Schrägstrich. Steht nur eine Angabe, gilt diese für beide Größen.

Boshi-Material
Schachenmayr/SMC Silenzio in Indigo (Fb 50), 150 g oder Schachenmayr/SMC Boston in Natur (Fb 02), 150 g
Häkelnadel 6,0 mm

Maschenprobe
Mit Häkelnd 6,0 mm im Grundmuster 9-10 M und 8 R = 10 cm x 10 cm

Grundmuster
In Rd Stb arbeiten.

Runden schließen
Die Rd immer schließen, dazu die Rd mit 1 Km beenden. Die neue Rd mit 1 Lm beginnen, anschließend mit Stb weiterarbeiten.

Boshi-Anleitungen und Stories

noch mehr Kōbe

Einen Satz warme Ohren garantiert Kōbe.

designe deine Kōbe in deinen Farben mit dem Mützenkonfigurator

Häkeln vor der Technischen Uni

Werbung ist alles. Deshalb haben wir unsere Häkelnadel gepackt, uns vor die Uni gesetzt und gehofft, dass wir mit unserem Hobby andere Studenten begeistern können. Doch an der Technischen Universität, an der ich studierte, wurden wir angesehen wie Außerirdische. Schon als wir unsere Häkelsachen aus dem Rucksack holten, sahen verwunderte Maschinenbaustudenten auf uns. Doch es sollte ein super Marketingerfolg werden.

Nach kurzer Zeit wurden wir gefragt, was wir vorhaben. So konnten wir unsere Geschichte erzählen und Begeisterung wecken. Zwar kamen auch Sprüche wie: „Ein Typ der häkelt, ist der etwa verrückt?". Bei den meisten, mit denen wir uns an diesem Nachmittag unterhalten haben, wurde jedoch die Begeisterung für Boshis geweckt. An diesem Nachmittag verkauften wir doch tatsächlich einige Boshis und waren im Gespräch. Genau das wollten wir erreichen. <<

Boshi-Anleitungen und Stories

Hokkaidō
gewusst wie
Schwierigkeitsgrad ✗ ✗ ✗

fertig in ca. 4 h

Boshi-Anleitung

28/31 Lm in Fb 1 anschlagen. Anschließend im Rippenmuster in Fb 2 häkeln. Für Größe L die 2. Rd mit 1 Relief-Stb auf der Rückseite des Häkelteils beenden und die Rd mit 1 Km schließen. Umfang mit 28/31 M = 52/58 cm.

6 Rd im Rippenmuster häkeln. In der 7. Rd bei den tieferliegenden Rippen jeweils 1 M abnehmen und damit die Weite verringern. Am Rd-Anfang nur 2 Lm häkeln und 1 Relief-Stb auf der Rückseite, *2 Relief-Stb auf der Vorderseite, die nächsten 2 Relief-Stb auf der Rückseite zusammen abmaschen, dabei für das 1. Relief-Stb 1 U aufnehmen, Faden durchholen, mit 1 U 2 Schlingen, die auf der Häkelnd liegen, abmaschen, für das 2. Relief-Stb genauso arbeiten. Zuletzt alle 3 auf der Häkelnd liegenden Schlingen mit 1 U zusammen abmaschen.

Ab * wdh. Die Rd mit 1 Km in das 1. Relief-Stb am Rd-Anfang schließen. Über den restlichen 21/24 M noch 2 Rd im Rippenmuster mit abwechselnd 2 Relief-Stb auf der Vorderseite und 1 Relief-Stb auf der Rückseite arbeiten.

Fertigstellen

Den offenen oberen Rand der Mütze raffen. Dazu einen Wollfaden einziehen, die Fadenenden zusammenziehen und den Mützenrand raffen, sodass noch eine Öffnung von etwa 2 cm Durchmesser bleibt. Evtl. eine große Bommel z.B. in Fb 1 mit 11 cm Durchmesser anfertigen und in der Mitte aufnähen. Die Fäden vernähen.

Fb = Farbe(n) >> hStb = halbe(s) Stäbchen >> Km = Kettmasche(n) >> Lm = Luftmasche(n) >> M = Masche(n) >> Relief-Stb = Relief-Stäbchen >> R = Reihe(n) >> Rd = Runde(n) >> Stb = Stäbchen >> U = Umschlag >> wdh = wiederholen

Größe
Für Kopfumfang M (52-56 cm) und L (57-60 cm). Die Angaben für Kopfumfang M stehen vor dem Schrägstrich, für Kopfumfang L nach dem Schrägstrich. Steht nur eine Angabe, gilt diese für beide Größen.

Boshi-Material
SMC Select Highland Alpaca, Fb 1: Schwarz (Fb 2914), Rest; Fb 2: Gras (Fb 2967), 200 g

oder SMC Select Highland Alpaca, Fb 1: Pink (Fb 2945), 100 g; Fb 2: Anthrazit (Fb 2993), 200 g

oder SMC Select Highland Alpaca, Fb 1: Rosenholz (Fb 2935), Rest; Fb 2: Pink (Fb 2945), 200 g
Häkelnadel 12,0 mm

Maschenprobe
Mit Häkelnd 12,0 im Rippenmuster 4 M und 4 R = 8 cm x 7,5 cm

Rippenmuster
Lm-Anschlag, nach der letzten Lm den Faden durch die Schlinge ziehen, festziehen.

1. Rd:
In die 1. Lm einstechen, dabei nur den hinten liegenden Faden erfassen, eine Schlinge durchziehen, dann 3 Lm häkeln. Weiter in jede Lm 1 Stb häkeln, dafür wie zuvor beschrieben einstechen. Die Lm-Glieder bilden die Kante. Am Rd-Ende 1 Km in die 3. Lm vom Anfang arbeiten.

2. Rd:
3 Lm häkeln. Relief-Stb jeweils um die Stb der Vor-Rd häkeln, dabei 1 Relief-Stb auf der Rückseite des Häkelteils arbeiten, *2 Relief-Stb auf der Vorderseite, 2 Relief-Stb auf der Rückseite, ab * wdh, zuletzt 2 Relief-Stb auf der Vorderseite arbeiten. Die Rd mit 1 Km in die 3. Lm am Rd-Anfang schließen.
Die 2. Rd stets wdh.

Hinweis: Wie man Reliefstäbchen häkelt, steht auf S. 90.

Weitere Farb-Variationen auf der nächsten Seite

S. 59

Boshi-Anleitungen und Stories

noch mehr Hokkaidō

Die superdicke Winter-Boshi ist ideal für frostige Tage.

designe deine **Hokkaidō** in deinen Farben mit dem Mützenkonfigurator

Das erste Mal

Nach einigen verkauften Boshis wollten wir endlich einen „fremden" Boshiträger sehen. An einem Wochenende im Dezember 2010 relaxten wir nach einem tollen Skitag an der Aprés-Ski-Bar. Da kam ein Mann, Mitte 30. Wir trauten kaum unseren Augen, aber er hatte eine Boshi „Daitö" auf dem Kopf.

Natürlich mussten wir schauen, ob es eine echte Boshi ist und tatsächlich, wir entdeckten unser Label am Rand! Wir sprachen ihn gleich an und baten ihn an unseren Tisch, denn wir sind alle eine große Boshi-Familie. – Inzwischen sehen wir öfters Menschen mit Boshis auf dem Kopf. Und jedes Mal ist es wie beim ersten Mal: Erst ein zweifelnder Blick, dann die Suche nach dem Label und schließlich die große Freude, wieder einen neuen Boshi-Freund gefunden zu haben. <<

Boshi-Anleitungen und Stories

Otaru
gewitzt geschwungen
Schwierigkeitsgrad ✗ ✗ ✗

fertig in ca. 4 h

Boshi-Anleitung
Die Mütze oben beginnen. 4 Lm in Fb 1 anschlagen, zum Kreis schließen und hStb arbeiten.

1. Runde
In den Anfangsring 11 hStb häkeln.

2. Runde
Jede M verdoppeln = 22 M.

3. Runde
Jede 2. M verdoppeln = 33 M.

4. Runde
Jede 3. M verdoppeln = 44 M.

5. Runde
Jede 6. M verdoppeln = 51 M.

6. Runde
51 hStb arbeiten/Jede 12. M verdoppeln = 55 M.

7.-16./17. Runde
Ohne Zunahmen hStb arbeiten.

Fertigstellen
Die Mütze wenden und in Fb 2 1 Rd fM arbeiten. Die Fäden vernähen. Evtl. eine Bommel arbeiten und an der Mütze annähen.

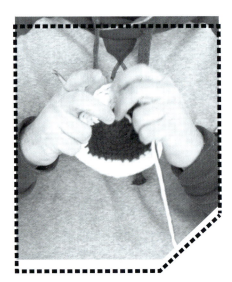

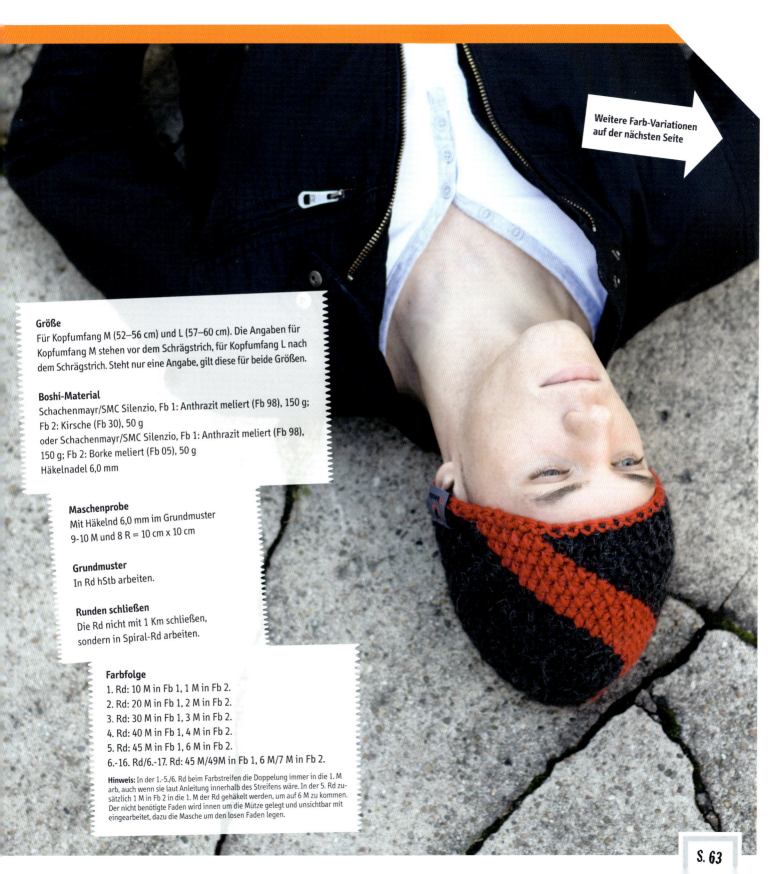

Weitere Farb-Variationen auf der nächsten Seite

Größe
Für Kopfumfang M (52–56 cm) und L (57–60 cm). Die Angaben für Kopfumfang M stehen vor dem Schrägstrich, für Kopfumfang L nach dem Schrägstrich. Steht nur eine Angabe, gilt diese für beide Größen.

Boshi-Material
Schachenmayr/SMC Silenzio, Fb 1: Anthrazit meliert (Fb 98), 150 g; Fb 2: Kirsche (Fb 30), 50 g
oder Schachenmayr/SMC Silenzio, Fb 1: Anthrazit meliert (Fb 98), 150 g; Fb 2: Borke meliert (Fb 05), 50 g
Häkelnadel 6,0 mm

Maschenprobe
Mit Häkelnd 6,0 mm im Grundmuster
9-10 M und 8 R = 10 cm x 10 cm

Grundmuster
In Rd hStb arbeiten.

Runden schließen
Die Rd nicht mit 1 Km schließen, sondern in Spiral-Rd arbeiten.

Farbfolge
1. Rd: 10 M in Fb 1, 1 M in Fb 2.
2. Rd: 20 M in Fb 1, 2 M in Fb 2.
3. Rd: 30 M in Fb 1, 3 M in Fb 2.
4. Rd: 40 M in Fb 1, 4 M in Fb 2.
5. Rd: 45 M in Fb 1, 6 M in Fb 2.
6.-16. Rd/6.-17. Rd: 45 M/49M in Fb 1, 6 M/7 M in Fb 2.

Hinweis: In der 1.-5./6. Rd beim Farbstreifen die Doppelung immer in die 1. M arb, auch wenn sie laut Anleitung innerhalb des Streifens wäre. In der 5. Rd zusätzlich 1 M in Fb 2 in die 1. M der Rd gehäkelt werden, um auf 6 M zu kommen. Der nicht benötigte Faden wird innen um die Mütze gelegt und unsichtbar mit eingearbeitet, dazu die Masche um den losen Faden legen.

Boshi-Anleitungen und Stories

noch mehr Otaru

Der Streifen zieht sich in einem eleganten Bogen vom Rand bis zur Mitte und wird nach oben hin immer dünner.

designe deine Otaru in deinen Farben mit dem Mützenkonfigurator

Chef und Ersatzenkel

Da Zeitungsannoncen über lukrative Nebenjobs meist etwas unseriös wirken und man bei Häkelarbeiten schnell an Spitzendeckchen oder Gardinen denkt, ist der Erstkontakt zu unseren neuen Häklerinnen oft von Unsicherheit geprägt. Doch sobald wir mit einem Karton bunter Muster-Boshis und unseren selbst erstellten Häkelanleitungen bei den meist älteren Damen vor der Haustür stehen, unsere Story erzählen und mit Fachwissen die genaue Herstellungsweise unserer Boshis erklären, können es die Damen kaum erwarten, sich an die erste Boshi zu machen.

Nach Abschluss der ersten Testläufe werden die Häklerinnen ein bis zwei Mal pro Woche mit Arbeit versorgt. Die Besuche bei ihnen gestalten sich dabei mit der Zeit immer familiärer. Die Übergabe der Boshis wird rasch zur Nebensache und beim kleinen Kaffeekränzchen werden Verbesserungsvorschläge und private Geschichten ausgetauscht. <<

Wendeboshi
very tricky
Schwierigkeitsgrad × × ×

fertig in ca. 4,5 h

Boshi-Anleitung – Innenteil
Das Innenteil oben beginnen. 4 Lm in Fb 1 mit Häkelnd 10,0 mm anschlagen, zum Kreis schließen und hStb arbeiten.

1. Runde
In den Anfangsring 11 hStb häkeln.

2. Runde
Jede M verdoppeln = 22 M.

3. Runde
Jede 3. M verdoppeln = 29 M.

4. Runde
Jede 5. M verdoppeln = 34 M.

5. Runde
34 hStb arbeiten/Jede 8. M verdoppeln = 38 M.

6.-9./11. Runde
Ohne Zunahmen hStb arbeiten. Dann die Mütze wenden und 1 Rd fM arbeiten.

Boshi-Anleitung – Netz
Für das Netz oben beginnen. 4 Lm in Fb 2 mit Häkelnd 6,0 mm anschlagen und zum Kreis schließen.

1. Runde
*1 Stb, 1 Lm in den Anfangsring häkeln, ab * noch 10x/11x wdh = 11 Stb/12 Stb.

2. Runde
In jedes Stb jeweils 1 Stb, 1 Lm, 1 Stb, 1 Lm häkeln = 22 Stb/24 Stb.

3. Runde
In jedes 2. Stb jeweils 1 Stb, 1 Lm, 1 Stb, 1 Lm häkeln, dazwischen in jedes Stb 1 Stb, 1 Lm häkeln = 33 Stb/36 Stb.

4. Runde
In jedes Stb 1 Stb, 1 Lm häkeln/ für Größe L zusätzlich in jedes 18. Stb jeweils 1 Stb, 1 Lm, 1 Stb, 1 Lm häkeln =33 Stb/38 Stb.

5. – 9./11. Runde
Ohne Zunahmen häkeln.

Fertigstellen
Mit fM in Fb 2 mit Häkelnd 6,0 mm am Rand der inneren Boshi Innenteil und Netz zusammenhäkeln, dabei jede Lm des Netzes in 1 hStb der inneren Boshi häkeln. Die Fäden vernähen.
Evtl. eine Bommel arbeiten und an die Mütze annähen.

Größe
Für Kopfumfang M (52-56 cm) und L (57-60 cm). Die Angaben für Kopfumfang M stehen vor dem Schrägstrich, für Kopfumfang L nach dem Schrägstrich. Steht nur eine Angabe, gilt diese für beide Größen.

Boshi-Material
Fb 1: SMC Select Highland Alpaca in Rot (Fb 2901), 150 g;
Fb 2: Schachenmayr/SMC Bravo in Schwarz (Fb 8226), 50 g
oder Fb 1: SMC Select Highland Alpaca in Schwarz (Fb 2914);
Fb 2: Schachenmayr/SMC Bravo in Neon Pink (Fb 8234)
Häkelnadel 10,0 mm und 6,0 mm

Maschenprobe
Mit Häkelnd 10,0 mm in Fb 1 im Grundmuster 7 M und 5 R = 10 cm x 10 cm

Grundmuster
In Rd hStb arbeiten.

Runden schließen
Die Rd nicht mit 1 Km schließen, sondern in Spiral-Rd arbeiten.

Weitere Farb-Variationen auf der nächsten Seite →

Boshi-Anleitungen und Stories

noch mehr Wendeboshi

Zwei Boshis in einer: Glamourlook mit zartem Netz oder Alltagslook mit dichten Maschen – du entscheidest.

designe deine **Wendeboshi in deinen Farben** mit dem Mützenkonfigurator

Boshis erfüllen Wünsche

Kaum begannen die Boshis über den Freundeskreis hinaus Gefallen zu finden, kamen wir an unsere Kapazitätsgrenzen. Mit zwei bis vier Boshis am Abend vorm Fernseher konnte die Nachfrage nicht mehr befriedigt werden. Es begann die Suche nach Häkelverstärkung per Zeitungsannonce: „Suchen Heimarbeiter für Häkelarbeiten".

Um 7 Uhr morgens kam der erste Anruf, bis zum Nachmittag folgten über 60 weitere. Erst das Abschalten des Mobiltelefons sicherte uns ein halbwegs ruhiges Restwochenende. Unsere Häklerinnen sind ganz unterschiedlich motiviert. Die einen häkeln, weil ihnen Handarbeit einfach jede Menge Spaß macht oder sie sich die Zeit vertreiben wollen. Andere bessern sich so ihre Rente auf und können sich und ihren Lieben lang ersehnte Wünsche erfüllen, etwa ein Riesentrampolin für den Garten. <<

Amami
ein Satz warme Ohren

fertig in ca. 2 h

Schwierigkeitsgrad ✗ ✗ ✗

Boshi-Anleitung
In Fb 1 2 Lm häkeln. In die 1. Lm 1 fM arbeiten. * In die linke Schlaufe der gerade gearbeiteten fM einstechen, dabei die Arbeit eventuell etwas nach rechts kippen, und eine weitere fM arbeiten. Ab * fortlaufend wdh, bis ein Band von 48 fM/52 fM entstanden ist. Mit 1 Km zur Rd schließen und weiter in der Farbfolge mit hStb arbeiten.

Fertigstellen
Das Stirnband wenden und 1 Rd fM in Fb 3 arbeiten.
Die Fäden vernähen.

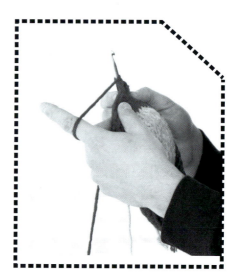

Größe
Für Kopfumfang M (52–56 cm) und L (57–60 cm). Die Angaben für Kopfumfang M stehen vor dem Schrägstrich, für Kopfumfang L nach dem Schrägstrich. Steht nur eine Angabe, gilt diese für beide Größen.

Boshi-Material
Schachenmayr/SMC Boston, Fb 1: Feuer (Fb 30); Fb 2: Kürbis (Fb 26); Fb 3: Gelb (Fb 21), je 50 g
oder Schachenmayr/SMC Silenzio, Fb 1: Indigo (Fb 50); Fb 2: Petrol (Fb 69); Fb 3: Jeansblau (Fb 52), je 50 g
Häkelnadel 6,0 mm

Maschenprobe
Mit Häkelnd 6,0 mm im Grundmuster 9-10 M und 8 R = 10 cm x 10 cm

Grundmuster
In Rd hStb arbeiten.

Runden schließen
Die Rd immer schließen, um einen Versatz beim Farbwechsel zu vermeiden. Dazu die Rd mit 1 Km beenden. Die neue Rd mit 1 Lm beginnen, anschließend mit hStb weiterarbeiten.

Farbfolge
3 Rd in Fb 1,
3 Rd in Fb 2,
3 Rd in Fb 3.

Boshi-Anleitungen und Stories

noch mehr Amami

Amami macht warme Ohren, ohne die Frisur zu „plätten".

designe **deine Amami** in deinen Farben mit dem Mützenkonfigurator

Hallo, ich hab da letztens von euch gehört...

... so beginnen die meisten Gespräche mit den Medien. Dann wissen wir: Unsere Mühe hat sich gelohnt. Denn damit es zu Anfragen der Radiosender, Zeitungen und TV-Redaktionen kommt, müssen wir im Vorfeld „die Angel auswerfen", beispielsweise gute Pressemitteilungen verfassen. Meistens hören wir die immer gleichen Fragen von den Journalisten. Aber die Geschichten, die sie aus unseren Gesprächen machen, sind dann jedes Mal überraschend anders.

Der wohl lustigste Beitrag lief Anfang 2011 auf ON 3, dem Digital- und Radioprogramm des Bayrischen Rundfunks. Noch heute amüsieren wir uns köstlich über das, was Martin Nudow, Student der Filmhochschule München, aus unserer Story gemacht hat. Er wollte unbedingt die Entstehungsgeschichte der Boshi im fernen Japan nachstellen – bei uns in Oberfranken. Herausgekommen ist eine herrliche 5-Minuten-Komödie. (Die Drehzeit betrug 10 Stunden, aber das nur am Rande – jede Filmminute ist hart erarbeitet!) Und wirklich, mit ein paar Tricks hat es geklappt, aus dem fränkischen Hof „Little Japan" zu machen. Nur in der Innenstadt war Martin nahe der Verzweiflung: „Schaut nicht so richtig nach Japan aus."

Aber da war der Zufall auf unserer Seite. Ein japanischer Tourist lief plötzlich an uns vorbei. „Hinterher!", rief Martin erleichtert. – Schau dir den Film am besten selbst mal an bei ON 3 („myboshi" in die Suchmaske eingeben, dann gelangst du zum Video). Genau so war es damals in Japan, als wir die Boshi entdeckten. <<

Akita mit Ohrenklappen

Schwierigkeitsgrad ×× ×

fertig in ca. 2,5 h

Boshi-Anleitung
Für die Ohrenklappen jeweils ein kleines Extraknäuel aufwickeln und die Klappen daraus häkeln. Innerhalb der Farbfelder die M jeweils in derselben Farbe wie in der Vorreihe häkeln. In Fb 1 eine Anfangsschlinge und 4 Lm anschlagen, dann in Fb 2 4 Lm + 1 Wende-Lm arbeiten.

1. Reihe (Hinreihe)
4 fM in Fb 2 und 4 fM in Fb 1 häkeln.

2.-8. Reihe
In Fb 1 und Fb 2 häkeln, dabei die M jeweils in derselben Farbe wie in der Vorreihe häkeln.

9. Reihe
Nach der Farbfolge wechseln, d.h. 4 fM in Fb 1, 4 fM in Fb 3 arbeiten. Am linken Rand des Häkelteils eine kleine, bogenförmige Ohrenklappe anhäkeln. Dafür in die Wende-Lm 1 fM in Fb 1 häkeln, 1 Lm, wenden.

10. Reihe
1 fM in Fb 1, 4 fM in Fb 3, 4 fM in Fb 1.

11. Reihe
4 fM in Fb 1, 4 fM in Fb 3, die fM in Fb 1 verdoppeln, d.h. 2 fM in Fb 1 in dieselbe Einstichstelle häkeln.

12.-15. Reihe
fM häkeln, jeweils in derselben Farbe wie in der Vorreihe.

16. Reihe
Die 2 fM für die Ohrenklappe zusammen in Fb 1 abmaschen, 4 fM in Fb 3, 4 fM in Fb 1 arbeiten.

17. Reihe
4 fM in Fb 1, 4 fM in Fb 3, 2 fM in Fb 1 zusammen abmaschen, dabei für die 2. fM in die Wende-Lm einstechen.

18. Reihe
1 fM in Fb 1, 4 fM in Fb 3, 4 fM in Fb 1 arbeiten.

19. Reihe
Farbwechsel: 4 fM in Fb 4, 3 fM in Fb 1 und die letzten beiden fM zusammen in Fb 1 abmaschen. 1 Lm häkeln und wenden.

Weiter nach der Farbfolge häkeln. Bei der 5. Farbfläche in der Höhe wieder eine Ohrenklappe anhäkeln wie in der 9.-18. R. Nach der 6. Farbfläche in der Höhe und 52/56 R das Häkelteil beenden.

Fertigstellen
Das Stirnband zusammenhäkeln, dabei die Kante mit dem Lm-Anschlag nach oben, die Außenseite des Stirnbandes nach innen legen und die Kanten mit Km zusammenhäkeln. Die Fäden vernähen.

Größe
Für Kopfumfang M (52–56 cm) und L (57–60 cm). Die Angaben für Kopfumfang M stehen vor dem Schrägstrich, für Kopfumfang L nach dem Schrägstrich. Steht nur eine Angabe, gilt diese für beide Größen.

Boshi-Material
Schachenmayr/SMC Boston, Fb 1: Schoko (Fb 10); Fb 2: Weinrot (Fb 31); Fb 3: Jeans meliert (Fb 53), Fb 4: Kürbis (Fb 26), je 50 g oder Schachenmayr/SMC Boston, Fb 1: Kürbis (Fb 26); Fb 2: Anthrazit meliert (Fb 98); je 50 g; Fb 3: Mosaikblau (Fb 65), Rest Häkelnadel 8,0 mm

Grundmuster
In R mit fM arbeiten.

Maschenprobe
Mit Häkelnadel 8,0 mm im Grundmuster 8 M und 10 R = 8 cm x 9,5 cm.

Runden schließen
Die Rd immer schließen, um einen Versatz beim Farbwechsel zu vermeiden. Dazu die Rd mit 1 Km beenden. Die neue Rd mit 1 Lm beginnen.

Farbfolge A
8 R je 4 M in Fb 1 und Fb 2, 10 R in Fb 2 und Fb 3 + Ohrenklappe in Fb 2, 8/10 R in Fb 4 und Fb 2, 8/10 R in Fb 2 und Fb 3, 10 R in Fb 3 und Fb 2 + Ohrenklappe in Fb 3, 8 R in Fb 2 und Fb 4.

Farbfolge B
4 R mit Fb 1 und Fb 2, 4 R mit Fb 2 und Fb 1, 5 R mit Fb 1 und Fb 2 + Ohrenklappe in Fb 2, 5 R mit versetzten Farbkaros, die Ohrenklappe in Fb 2 fortsetzen, *4/5 R mit Fb 1 + Fb 2, ab * 3x mit versetzten Fb wdh, 5 R mit Fb 1 + Fb 2 + Ohrenklappe in Fb 2, 5 R mit versetzten Farbkaros, die Ohrenklappe in Fb 2 fortsetzen, 4 R mit Fb 1 + Fb 2, 4 R mit Fb 2 + Fb 1.

Rand betonen
Am unteren Rand in Fb 3 eine Kettmaschen-Linie auf der Innenseite zwischen 1. M und 2. M aufhäkeln – pro Reihe 1 Kettmasche aufhäkeln.

Weitere Farb-Variationen auf der nächsten Seite →

Boshi-Anleitungen und Stories

noch mehr Akita

Für eine Extraportion warme Ohren: Akita mit Ohrenklappen.

designe deine Akita in deinen Farben mit dem Mützenkonfigurator

Andere nicht vergessen

myBoshi wäre nicht myBoshi, wenn wir nur an unser Unternehmen und nicht an andere denken würden. In den vergangenen Jahren engagierten wir uns auf verschiedenste Weise. So unterstützten wir als männliche Häkelpioniere 2009 die Aktion „Eine Mütze voller Leben" des Kinderhilfswerks Save the Children. Zusammen mit 40 begeisterten Handarbeiterinnen und Handarbeitern wurden insgesamt 2.231 Kindermützen gestrickt und gehäkelt. Die fertigen Exemplare wurden dann zusammen mit 95.000 Kindermützen aus dem gesamten Bundesgebiet von Save the Children nach Sri Lanka verschifft.

Zwei Wintersaisonen lang unterstützten wir das Specialolympics-Team der Lebenshilfe Hof. Wir sind stolz auf unsere jungen Boshiträger, die mit Eifer und großem sportlichen Ehrgeiz nahezu jährlich an den Special Olympics Winterspielen teilnehmen und uns des Öfteren Bilder von sich mit Boshi auf dem Podest zurücksenden. <<

Häkeln Basics

Häkeln Basics

So wird das
gemacht

Häkeln ist easy zu erlernen und ein super Zeitvertreib. Und das Beste: Für die Boshis brauchst du keine Spezialkenntnisse. Einfache Häkelmaschen wie Luftmaschen und halbe Stäbchen genügen für die meisten Mützen. Wie die gemacht werden, lernst du auf den folgenden Seiten.

S. 79

Häkeln Basics

Handhaltung

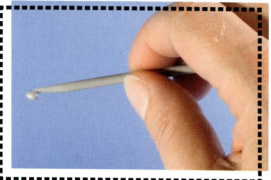

>> **Halten der Häkelnadel**
Üblicherweise wird die Häkelnadel in der rechten Hand gehalten. Es gibt zwei Möglichkeiten, die Häkelnadel zu halten.

Bild 1
Halte die Häkelnadel von unten wie einen Stift. Dabei liegt der Haken ca. 3 cm vor deinem Mittelfinger.

Bild 2
Oder du hältst die Häkelnadel von oben wie ein Schneidemesser. Dabei liegt der Haken ca. 3 cm vor dem Zeigefinger.

>> **Faden um die Hand schlingen**

Bild 3
Um den Faden um die linke Hand zu führen, wickle etwas Garn vom Knäuel ab. Führe den Faden zwischen Ringfinger und kleinem Finger der linken Hand von vorne nach hinten. Wickle ihn dann, von hinten kommend, zweimal um den Zeigefinger. Der Faden sollte gleichmäßig durch die Finger der Hand gleiten können. Die linke Hand korrigiert auch die Spannung des Fadens während des Häkelns.

Bild 2
Für das Fassen der Anfangsschlinge schlinge den Faden um den Daumen (sogenannte Daumenschlinge). Wickle den Faden von rechts nach links um den Daumen und halte das Fadenende mit den übrigen drei Fingern fest. Der Faden kreuzt sich zwischen Daumen und Zeigefinger.

Hinweis:
Das Fadenende des Anfangsfadens sollte ca. 20 cm lang sein. Das ist ausreichend, um es vernähen zu können. Mit einem längeren Anfangsfaden kann das Häkelteil später noch zusammengenäht werden. Damit erspart man sich zusätzliche Arbeit.

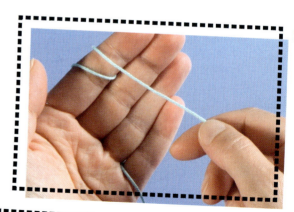

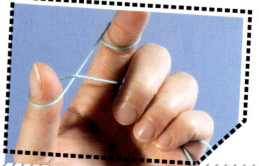

Luftmaschen

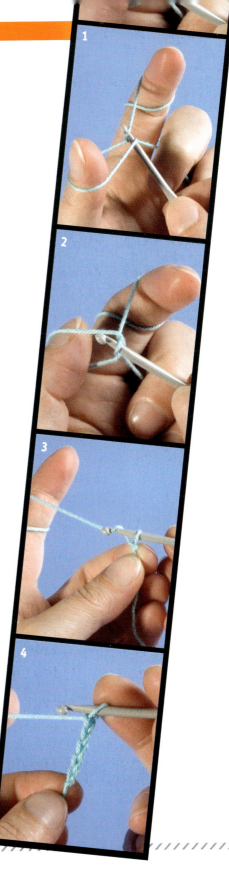

Häkeln gehört zu den einfachsten Handarbeitstechniken. Im Gegensatz zum Stricken liegt immer nur eine Schlinge über der Nadel, sodass die Handhabung sehr einfach ist. Jede Häkelarbeit beginnt mit einer Anfangsschlinge und Luftmaschen, in die die Maschen gehäkelt werden.

Die Anfangsschlinge und die Luftmaschenkette sind der **Anschlag** beim Häkeln. Die Luftmaschenkette bildet die Basis eines Häkelteils. Für jede feste Masche, die später gehäkelt wird, wird eine Luftmasche angeschlagen.

1 Nadel durch die Schlinge führen
Führe die Häkelnadel für die Anfangsschlinge hinter dem Daumen von unten nach oben durch die Schlinge. Gehe dann über die Fadenkreuzung und fasse den Faden mit dem Haken. Dabei legt sich dieser um die Nadel.

2 Faden durchholen
Nun holst du den Faden durch die Schlinge und ziehst gleichzeitig den Daumen aus der Schlinge. Achte dabei darauf, dass die Schlinge nicht von der Nadel rutscht. Ziehe dann die Anfangsschlinge an, sodass sie locker auf der Nadel liegt.

3 Faden mit der Häkelnadel fassen
Für die erste Luftmasche fasse den Faden erneut, dabei wird die Nadel von links nach rechts um den Faden bewegt. Der Faden liegt nun über der Nadel. Dies wird auch als **Umschlag** bezeichnet.

4 Fertige Luftmasche
Ziehe nun den Faden durch die Anfangsschlinge. Es bildet sich eine v-förmige Schlinge unter der Nadel, das ist die erste Luftmasche. Für jede weitere Luftmasche hole den Faden jeweils mit einem erneuten Umschlag und ziehe ihn durch die bestehende Schlinge auf der Nadel. Beim Abzählen der Luftmaschen wird mit der zuletzt gehäkelten Luftmasche begonnen und zum Anschlagbeginn zurückgezählt.
Das Foto zeigt die Vorderseite der Luftmaschenkette. Auf der Rückseite bilden sich zwischen den einzelnen Maschen kleine Rippen.

Hinweis:
Ziehe den Faden bei den Luftmaschen stets gleichmäßig fest an. Sind die Maschen zu fest, ist es schwierig, für die nachfolgenden Maschen in die Luftmaschen einzustechen. Sind sie zu locker gehäkelt, entstehen unschöne, große Schlingen an der Anschlagkante.

Häkeln Basics

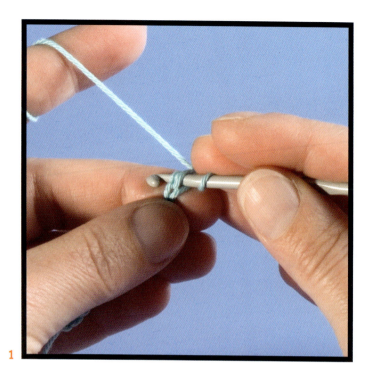
1

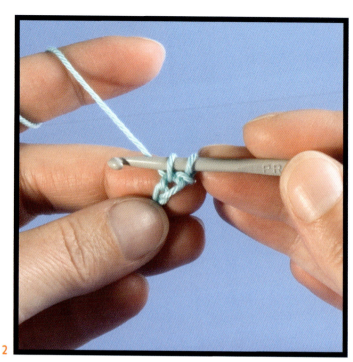
2

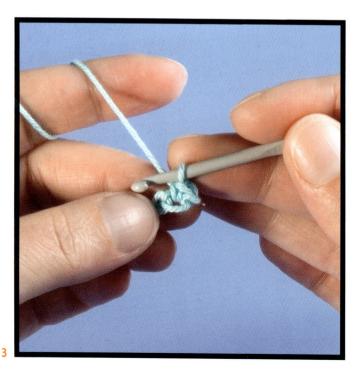
3

4

Abmaschen S. 83, Schritt 3 >> Anschlag S. 81 >> Kettmasche S. 88, Schritt 1 >> Umschlag S. 81, Schritt 3

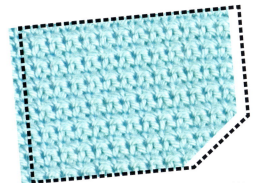

Maschenbild feste Masche
Die feste Masche ist eine kleine Masche, deren Maschenbild sehr dicht und kompakt ist. Beim Häkeln von festen Maschen in Reihen ergibt sich ein typisches Maschenbild: Jeweils zwei Reihen sehen so aus, als würden kleine Sternchen oder Blümchen nebeneinanderliegen.

Feste Masche

1 Nadel einstechen

Häkle eine Luftmaschenkette aus entsprechend vielen Luftmaschen und schlage eine zusätzliche Luftmasche an. Die zusätzliche Luftmasche ist die Wendeluftmasche (siehe auch Seite 84). Für die erste feste Masche stich dann in die zweite Luftmasche von der Nadel aus ein. Achte dabei darauf, dass zwei Schlingen der Luftmasche über der Nadel liegen und eine Schlinge unter der Nadel liegt.

2 Faden durchholen

Anschließend holst du mit einem Umschlag den Faden und ziehst diesen durch die Luftmasche. Es liegen nun zwei Schlingen auf der Nadel.

3 Fertige feste Masche

Hole mit einem Umschlag den Faden und ziehst ihn durch beide auf der Nadel befindlichen Schlingen. Dies bezeichnet man auch als **Abmaschen**. Die erste feste Masche ist fertig.

4 Mehrere feste Maschen häkeln

Nun arbeite in jede Luftmasche je eine feste Masche. Stich dazu in die Luftmasche ein, wie in Schritt 1 gezeigt, und führe dann die Schritte 2 und 3 aus.

Tipp:
Besonders schön werden feste Maschen, wenn sie aus sehr dicken Garnen und mit einer Häkelnadel in entsprechend großer Nadelstärke gehäkelt werden, weil die grobmaschige Struktur dann sehr dekorativ eingesetzt werden kann. Sollen feste Maschen etwas lockerer erscheinen, so empfiehlt es sich, das Garn mit einer dickeren Häkelnadel zu häkeln als angegeben.

Häkeln Basics

Wendeluftmasche

1 Wendeluftmaschen häkeln
Häkle am Ende jeder Reihe stets eine oder mehrere zusätzliche Luftmaschen als Wendeluftmaschen. Sie werden benötigt, da jede Grundmasche eine bestimmte Höhe hat. Mithilfe einer Luftmasche erreicht man die Arbeitshöhe von festen Maschen. Bei halben Stäbchen arbeitest du zwei Wendeluftmaschen, bei Stäbchen drei. Nach der Wendeluftmasche wendest du das Häkelteil.

2 Neue Reihe häkeln
Danach häkelst du in der zweiten sowie in jeder weiteren Reihe in jede feste Masche je eine feste Masche. Stich zum Häkeln dabei jeweils unter den quer liegenden Schlingen am oberen Rand ein.

Farbwechsel bei Streifen

1 Mit neuer Farbe abmaschen
Um für ein Streifenmuster die Garnfarbe zu wechseln, holst du bei der letzten festen Masche der Vorreihe den Faden der alten Farbe mit einem Umschlag durch, sodass zwei Schlingen auf der Nadel liegen. Nun diese beiden Schlingen mit dem Garn in der neuen Farbe abmaschen. Die letzte feste Masche ist so komplett in der alten Farbe gehäkelt, die Schlinge auf der Nadel hat bereits die neue Farbe.

2 Mit neuer Farbe weiterarbeiten
Nun häkelst du wie gewohnt eine zusätzliche Wendeluftmasche, wendest das Häkelstück und arbeitest weiter feste Maschen.

Hinweis:
Sind die Streifen sehr breit, ist es ratsam, die Fäden nach Beenden der Streifen abzuschneiden und zu vernähen (siehe Seite 92). Sind die Streifen schmal, kann der stillgelegte Faden der ersten Farbe mit dem Faden der in Arbeit befindlichen zweiten Farbe gekreuzt und nach oben gespannt werden. Dann führst du den Farbwechsel aus. Achte dabei darauf, dass der gespannte Faden nicht zu kurz ist, da sich sonst die Kante des Häkelteils zusammenzieht.

Häkeln Basics

1

2

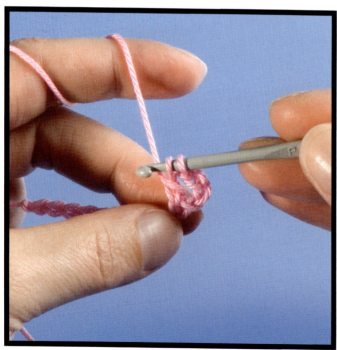

3

4

Abmaschen S. 83, Schritt 3 >> Anschlag S. 81 >> Kettmasche S. 88, Schritt 1 >> Umschlag S. 81, Schritt 3

Einfaches Stäbchen

1 Einstechen
Das erste Stäbchen wird durch drei Luftmaschen ersetzt. Lege für das zweite Stäbchen der ersten Reihe zuerst einen Umschlag auf die Häkelnadel. Stich danach in die fünfte Luftmasche von der Nadel aus ein.

2 Faden durchholen
Hole dann den Faden durch die Luftmasche. Es liegen nun drei Schlingen auf der Nadel.

3 Abmaschen von zwei Schlingen
Hole den Faden erneut und masche die erste und zweite Schlinge auf der Nadel zusammen ab. Es verbleiben zwei Schlingen auf der Nadel.

4 Stäbchen fertigstellen
Nun holst du den Faden ein weiteres Mal, um die beiden noch auf der Nadel befindlichen Schlingen zusammen abzumaschen. Das Foto zeigt das erste und zweite Stäbchen, dabei ist das erste Stäbchen durch drei Luftmaschen ersetzt. Für das nächste Stäbchen nimmst du wieder einen Umschlag auf die Nadel, stichst in die nächste Luftmasche ein und wiederholst die Schritte 2–4.

Maschenbild einfaches Stäbchen
Das einfache Stäbchen ist, neben der festen Masche, die am häufigsten verwendete Grundmasche. Im Unterschied zu festen Maschen werden bei den Stäbchen vor dem Einstechen und Häkeln der Maschen zusätzliche Umschläge auf die Häkelnadel genommen, die nacheinander abgemascht werden. Das Maschenbild von einfachen Stäbchen erscheint lockerer als bei festen Maschen. Aufgrund der länglichen Form der Maschen entsteht die typische lineare Struktur.

Halbes Stäbchen

1 Einstechen und Faden durchholen
Schlage eine Luftmaschenkette plus zwei Luftmaschen für das erste halbe Stäbchen an. Lege dann einen Umschlag auf die Nadel. Danach stichst du in die vierte Luftmasche von der Nadel aus ein und holst den Faden durch. Es liegen drei Schlingen auf der Nadel.

2 Abmaschen der Schlingen
Hole den Faden erneut und masche alle drei auf der Nadel befindlichen Schlingen zusammen ab. Das Foto zeigt das erste und zweite halbe Stäbchen, dabei ist das erste halbe Stäbchen durch zwei Luftmaschen ersetzt.

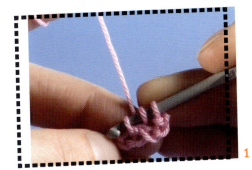

Häkeln Basics

In Runden häkeln

1

1

2

2

Beim Häkeln von runden Formen beginnst du üblicherweise in der Mitte und häkelst in Runden nach außen. Die runde Form entsteht dabei durch gleichmäßiges Zunehmen von Maschen innerhalb der Runden.

>> Rundhäkeln mit zwei Luftmaschen

Das Rundhäkeln mit zwei Luftmaschen eignet sich dann, wenn nur wenige Maschen am Rundenanfang gehäkelt werden sollen (maximal 8–10 feste Maschen). Der Rundenanfang bleibt dicht geschlossen; es entsteht nur ein ganz kleines Loch, das mit dem Anfangsfaden beim Vernähen ggf. noch zusammengezogen werden kann.

1 Einstechen in die zweite Luftmasche

Schlage zuerst zwei Luftmaschen an. Stich danach für die erste Runde stets in die zweite Luftmasche von der Nadel aus ein und häkle feste Maschen.

2 Maschenkreis fertigstellen

Nach der Ausführung von mehreren Häkelmaschen entsteht ein kleiner Maschenkreis.

>> Rundhäkeln mit Luftmaschenkette

Das Rundhäkeln mit Luftmaschenkette eignet sich, wenn viele Maschen am Rundenanfang gehäkelt werden sollen. In der Mitte entsteht ein Loch.

1 Luftmaschenkette zum Kreis schließen

Schlage zuerst eine Luftmaschenkette an. Schließe diese mit einer **Kettmasche** zur Runde. Dafür legst du die Luftmaschenkette zu einem Kreis, stichst in die letzte Luftmasche ein ziehst und den Faden durch die Luftmasche und danach durch die Schlinge auf der Nadel. Anfang und Ende der Luftmaschenkette sind nun verbunden.

2 Häkeln der ersten Runde

Häkle dann eine zusätzliche Luftmasche, um die Arbeitshöhe der festen Maschen zu erreichen. Danach häkelst du feste Maschen, wobei du stets durch die Mitte von vorne nach hinten einstichst und den Faden um den Luftmaschenring durchholst.

Hinweis:
Kettmaschen (siehe Schritt 1) sind sehr flache Maschen. Sie werden beim Rundhäkeln stets zum Schließen von Runden gearbeitet.

>> Stäbchen in Runden

1 Stäbchen in Luftmaschenkreis arbeiten

Schlage zuerst eine Luftmaschenkette an und schließe diese mit einer Kettmasche zur Runde. Häkle dann in der ersten Runde dicht nebeneinander Stäbchen in den Luftmaschenring. Ersetze dabei das erste Stäbchen durch drei Luftmaschen.

2 Beginn der zweiten Runde

Schließe nun diese und jede weitere Runde mit einer Kettmasche in die oberste Luftmasche des ersten Stäbchens. Schlage in der zweiten und jeder folgenden Runde drei Luftmaschen für das erste Stäbchen an und häkle weiter in Runden Stäbchen.

Spiralrunden

In der Regel werden Spiralrunden nur mit festen Maschen gehäkelt, weil diese Maschen sehr niedrig sind. In Spiralrunden werden die Maschen spiralförmig über den Rundenanfang hinweg fortlaufend gehäkelt. Der Vorteil ist, dass es keine sichtbaren Übergänge gibt. Dadurch erscheint das Maschenbild gleichmäßig. Um den Rundenanfang sichtbar zu machen, lege zunächst zwischen der letzten Masche der ersten Runde und der ersten Masche der folgenden Runde einen Kontrastfaden ein. Danach häkle mit festen Maschen weiter. Es empfiehlt sich, in regelmäßigen Abständen weitere Kontrastfäden einzulegen. Dies erleichtert das Abzählen der Runden.

Hinweis:
Beim Häkeln von Spiralrunden ist zu beachten, dass der Rundenanfang sich nach oben verlaufend leicht nach rechts verschiebt. Wird ein gerade nach oben laufender Rundenanfang gewünscht, so ist es ratsam, jede Runde mit einer Kettmasche in die erste feste Masche zu schließen, am Beginn der folgenden Runde eine zusätzliche Luftmasche zu häkeln und dann die neue Runde zu arbeiten.

Häkeln Basics

Reliefstäbchen

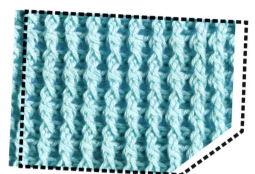

Maschenbild Reliefstäbchen.
Reliefstäbchen ergeben ein sehr plastisches und dichtes Maschenbild. Durch unterschiedliche Kombinationen der Maschen lässt sich eine Vielzahl von Strukturen erzielen. Bei Reliefstäbchen um den Hals des Stäbchens der Vorreihe einstechen und anschließend das Stäbchen wie gewohnt abmaschen. Die Maschenzahl ist durch zwei teilbar, zusätzlich zwei Luftmaschen beim Anschlag häkeln.

1. Reihe
Häkle Stäbchen, wobei du das erste Stäbchen in die vierte Luftmasche von der Nadel aus arbeitest.

2. Reihe
Nun häkle drei Luftmaschen für das erste Stäbchen und arbeite dann im Wechsel ein Reliefstäbchen von vorne und eines von hinten. In das letzte Stäbchen der Vorreihe wieder ein normales Stäbchen häkeln.

Alle weiteren Reihen werden wie die zweite Reihe gehäkelt.

Reliefstäbchen von vorn
(Foto oben) Um ein von vorne eingestochenes Reliefstäbchen zu arbeiten, stich mit der Häkelnadel zwischen zwei Stäbchen von vorne nach hinten ein. Führe den Faden von rechts nach links um den Hals des Stäbchens, bevor du ihn durchholst.

Reliefstäbchen von hinten
(Foto unten) Um ein von hinten eingestochenes Reliefstäbchen zu arbeiten, stich mit der Häkelnadel zwischen zwei Stäbchen von hinten nach vorne ein, führst den Faden von rechts nach links um den Hals des Stäbchens, bevor du ihn durchholst.

Abmaschen S. 83, Schritt 3 >> Anschlag S. 81 >> Kettmasche S.

Maschenzunahme

Soll eine einzelne Masche zugenommen werden, „verdoppelst" du eine bereits gehäkelte Masche. Dafür häkle in die Einstichstelle der zuletzt gehäkelten Masche eine zweite Masche. Alle Arten von Grundmaschen können so zugenommen werden. Diese Zunahme kann in Runden und in Reihen erfolgen. Die Maschenzahl vergrößert sich um eine Masche.

Maschenabnahme

>> Zwei feste Maschen zusammen abmaschen

Sollen zwei feste Maschen abgenommen werden, holst du für jede feste Masche je eine Schlinge auf die Häkelnadel. Anschließend werden alle drei auf der Nadel befindlichen Schlingen zusammen abgemascht. Die Maschenzahl verringert sich um eine Masche.

>> Zwei Stäbchen zusammen abmaschen

1 Ein Stäbchen zur Hälfte abmaschen

Zuerst das erste Stäbchen zur Hälfte abmaschen. Es liegen zwei Schlingen auf der Nadel.

2 Das zweite Stäbchen zu Hälfte abmaschen

Anschließend häkelst du das zweite Stäbchen und maschst dieses ebenfalls nur zur Hälfte ab. Es liegen drei Schlingen auf der Nadel. Masche dann mit einem neuen Umschlag alle drei Schlingen zusammen ab. Die Maschenzahl verringert sich um eine Masche.

Tipp:
Eine einzelne Masche kann auch abgenommen werden, indem du eine Masche überspringst, d. h. die neu zu häkelnde Masche erst in die übernächste Masche der Vorreihe häkelst. Dieses Verfahren eignet sich jedoch fast nur für feste Maschen, da sonst unschöne Löcher entstehen können.

Maschenprobe

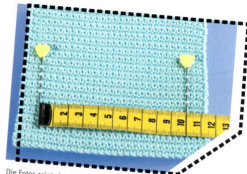

Die Fotos zeigt eine Maschenprobe. Hier ergeben 25 feste Maschen eine Breite von 10 cm.

Die Maschenprobe oder Häkelprobe ist ein wichtiger Bestandteil jeder Häkelanleitung. Sie bezieht sich in der Regel auf ein Quadrat von 10 cm x 10 cm und gibt jeweils die Anzahl der Maschen in der Breite und die Anzahl der Reihen in der Höhe an. Zusätzlich werden Angaben über das gehäkelte Muster und die Nadelstärke gemacht. Auch wenn ein Garn mehrfädig verhäkelt werden soll, finden sich die Angaben in der Maschenprobe. Um sicherzugehen, dass du den Angaben entsprechend häkelst, ist es erforderlich, ein Läppchen von ca. 12 cm x 12 cm Größe gemäß Maschenprobe anzufertigen. Spanne das Läppchen dann vorsichtig und zähle die Maschen bzw. Reihen auf einer Fläche von 10 cm x 10 cm aus.

>> **Nun gibt es drei Möglichkeiten:**
1. Deine Maschen- und Reihenzahl entspricht genau den Angaben der Maschenprobe. Dann kannst du bei der gewählten Nadelstärke bleiben.
2. Deine Maschen- und Reihenzahl ist größer. Das bedeutet, dass du fester als angegeben häkelst. Verwende deshalb eine Häkelnadel mit größerer Nadelstärke.
3. Deine Maschen- und Reihenzahl ist kleiner. Das bedeutet, dass du lockerer als angegeben häkelst. Verwenden Sie eine Häkelnadel mit kleinerer Nadelstärke.

Faden vernähen

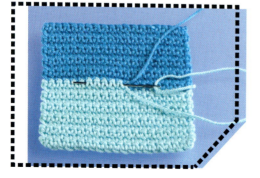

Anfangs- und Endfäden müssen stets gesichert werden. Verwende hierfür eine Wollnadel oder eine stumpfe Sticknadel. Ziehe die Fäden jeweils auf eine Länge von ca. 3–4 cm in die Außenkante des Häkelteils ein. Sollen Häkelteile zusammengenäht oder -gehäkelt werden, so empfiehlt es sich, diesen Arbeitsschritt vorzuziehen und dann die Fäden in der Außenkante zu vernähen.

Es ist auch möglich, die Anfangs- und Endfäden auf der Rückseite eines Häkelteils zu vernähen. Dies geht bei festen Maschen recht gut, da diese dicht und kompakt sind. Es empfiehlt sich auch dann, wenn dicke, grobmaschige Häkelteile zusammengenäht oder -gehäkelt werden und die Außenkanten schon relativ dick sind, sodass vernähte Fäden zusätzlich auftragen würden.

Tipp:
Häkle einen neuen Knäuel stets am Anfang einer neuen Reihe an. Vernähe, wenn möglich, am Rand und nicht innerhalb eines Häkelteils. Bei feinen Garnen können die vernähten Fäden unschöne Verdickungen bilden. Solltest du doch einmal innerhalb eines Häkelteils vernähen müssen, so empfiehlt es sich, den Faden vorsichtig dem Maschenlauf folgend in das Häkelstück einzuziehen.

Bommel wickeln

1

Deine Boshi kannst Du nach Belieben mit einer Bommel verzieren. Zur Herstellung brauchst du feste Pappe, eine spitze Schere und eine Nadel mit großem Öhr. Als Garn für die Bommel eignen sich eher die dünneren Garne (Schachenmayr/SMC Boston und Schachenmayr/SMC Silenzio); die dicken Garne (SMC Select Benevito und SMC Select Highland Alpaca) sind nicht so geeignet.

1. Schneide aus der Pappe 2 Scheiben mit einem Durchmesser in der gewünschten Bommelgröße aus. Danach schneidest du in die Mitte der Pappscheiben jeweils ein rundes Loch. Der Durchmesser des Lochs entspricht etwa einem Drittel des Gesamtdurchmessers. Lege die beiden Scheiben aufeinander und umwickle sie nicht zu fest mit Garn, bis das Loch vollständig ausgefüllt ist.
2. Schneide nun das Garn entlang den Außenkanten auf. Ziehe einen doppelten Faden zwischen die beiden Pappscheiben und binde die Bommel damit fest ab. Verknote den Faden sicher, lasse dabei ein Ende stehen, mit dem du die Bommel später an die Mütze annähen kannst. Jetzt ziehe die Pappscheiben ab (reiße sie notfalls ein). Schneide die Bommel gleichmäßig rund und nähe sie an deine Boshi an.

Tipp:
Im Fachhandel kannst du Bommel-Sets aus Plastik kaufen, mit denen das Bommelwickeln einfacher und schneller geht. Du kannst beide Hälften einzeln umwickeln, dann zusammenklappen, aufschneiden und abbinden. Die Plastik-Halbringe lassen sich leicht abziehen und wiederverwenden.

2

Mützenkonfigurator

Der Mützen-Konfigurator

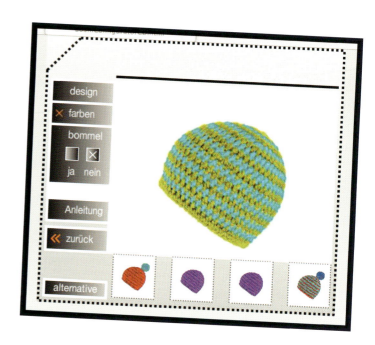

>> So wird's gemacht

1. CD-ROM starten
Lege die CD-ROM ins entsprechende Laufwerk einlegen, sie startet automatisch. Eine Software-Installation auf deinem PC ist beim Boshi-Konfigurator nicht nötig.

2. Die Startseite
Auf der Konfigurator-Startseite siehst du nun ein Bild einer Boshi. Links kannst du im Menü auswählen: Design, Farben, Bommel, Anleitung.

3. Design auswählen
Suche dir zuerst dein Lieblingsdesign aus. Wenn du im Menü auf „Design" klickst, bekommst du alle in diesem Buch beschriebenen Boshi-Designs zur Auswahl. Am Anfang sind alle Boshis grau, denn die Farben legst ja du fest. Entscheide erstmal, ob du die coole Niseko, die raffinierte Otaru, die sportive Tokio ... machen willst. Klicke dann einfach auf deine Lieblingsmütze und du bekommst eine vergrößerte Ansicht.

4. Bommel hinzufügen
Nun geht's ans Stylen deiner Boshi. Zuerst entscheide, ob du die Boshi mit oder ohne Bommel machen willst. Nur wenn du eine Bommel angeklickt hast, kannst du später die Farben dafür auswählen. Solltest du das einmal vergessen haben, dich bei Stylen deiner Boshi anders entscheiden: Du kannst auch jederzeit mit dem Zurück-Button wieder ins Startmenü gelangen und dir dort ein anderes Boshi-Design aussuchen oder doch noch eine Bommel hinzufügen.

5. Garn festlegen
Als Nächstes wählst du die Farben aus. Die Farbauswahl umfasst alle Farbtöne, in denen das Garn für deine Boshi erhältlich ist.

6. Farben auswählen
Jetzt kannst du dir nacheinander die Farben für deine Boshi aussuchen. Einfach auf die Stelle klicken, für die du die Farbe aussuchen willst, und dann auf die Farbe gehen. Sofort wird im Konfiguratorbild die Mütze in der entsprechenden Farbe eingefärbt. Such am besten zuerst die Grundfarbe aus, dann die Farbe für den/die Streifen und zuletzt für die Bommel.
Am unteren Rand zeigt dir der Konfigurator weitere, zufällig ausgesuchte Farbkombinationen. Vielleicht gefällt dir ja eine von diesen Möglichkeiten oder bringt dich auf neue Ideen?

7. Anleitung ausdrucken
Wenn du mit deiner ganz persönlichen Boshi zufrieden bist, klicke auf „Anleitung". Dann wirft dir der Konfigurator die passende Boshi-Anleitung aus, in der schon die richtigen Farben eingetragen sind, samt Garnnamen und Farbnummern der Firma Coats (falls du das Garn online bestellen willst). Die Anleitung bekommst du als PDF und kannst sie dir ausdrucken. Das ist für unterwegs handlicher als das ganze Buch.

Tipps:
Du kannst auch andere als die vorgeschlagenen Garne für deine Boshi verwenden. Achte darauf, dass dein Garn für dieselbe Nadelstärke ausgelegt ist und dieselbe Maschenprobe ergibt.

Auch Garnfarben unterliegen Modetrends, neue kommen dazu, andere werden ausgemustert. Up-to-date bleibst du mit einem Blick auf die Homepage der Garnhersteller. Dort findest du Farbkarten, auf denen die lieferbaren Farben abgebildet sind. Für die in diesem Buch verwendeten Garne ist das **www.coatsgmbh.de**

Im Wesentlichen werden bei den Boshis zwei Garnstärken verwendet:

>> Als extradickes Garn haben wir SMC Select Highland Alpaca oder SMC Select Benevito von der Firma Coats verwendet. Beide sind laut Hersteller für Nadelstärke 12 ausgelegt, wir verwenden aber meistens Nadelstärke 10 dafür, weil dann die Mützen dichter werden. Von den beiden Garnen, die du auch gut kombinieren kannst, gibt es zusammen 36 Farben.

>> Als dünneres Garn haben wir Schachenmayr/SMC Boston oder Schachenmayr/SMC Silenzio von der Firma Coats verwendet. Dafür verwenden wir meistens Nadelstärke 6 (nicht 7 wie der Hersteller angibt), damit die Mützen dichter werden. Die beiden Garne kannst du auch gut kombinieren, es gibt sie zusammen in 41 Farben.

>> Boshis aus extradickem Garn
- Daito
- Nemuro
- Osaka
- Saitama
- Hokkaido

>> Boshis aus dünnerem Garn
- Amami
- Akita
- Beppu
- Hachiman
- Kobe
- Niseko
- Ome
- Otaru
- Tokio

Bei der Wende-Boshi ist der innere, kompakte Teil aus extradickem Garn. Die Netzschicht ist aus ganz dünnem Garn (Schachenmayr/SMC Bravo, erhältlich in 52 Farben).

Die beiliegende CD-ROM enthält ein Programm zum Designen von Boshis in deinen Farben.

Der Konfigurator läuft auf dem Betriebssystem Windows ab Windows XP und auf Mac OSX.

Wenn der Konfigurator nicht automatisch startet, ist bei deinem Rechner wahrscheinlich die Autostart-Funktion deaktiviert. In diesem Fall startest du den Konfigurator, indem du die CD-ROM unter „Arbeitsplatz" anwählst.

Danke!

>> Impressum

Dieses Buch widmen wir allen, die von Anfang an dabei waren, immer an myBoshi geglaubt haben und uns dabei geholfen haben, unser Unternehmen zum Erfolg zu führen. Das sind insbesondere unsere Familien und unsere Häklerinnen. Besonderer Dank geht an unsere Chef-Häklerinnen Ursula Sturhan und Ursula Solger, die seit mehreren Jahren zum myBoshi-Team gehören und sowohl in der Produktion als auch bei allen Medienauftritten ihr Bestes geben und durch ihren unermüdlichen Einsatz erheblich zur Erfolgsgeschichte beigetragen haben.

Wir danken außerdem den Firmen Coats und Prym für die freundliche Unterstützung mit Wolle und Häkelzeug: Coats GmbH, Kenzingen, www.coatsgmbh.de und Prym Consumer, Stolberg, www.prym-consumer.com

Ein herzliches Dankeschön auch an Christian Geissler für die tollen Snowboard-Stunts sowie Lukas Graser und Camill Hauser für die Fußball-Kunststücke.

Modelle: Thomas Jaenisch und Felix Rohland (S. 18-41, 46-57, 62-73); Eveline Hetty-Burkart (S. 42-44, 58-60, 74-76)
Fotos: frechverlag Stuttgart; myBoshi (S. 6, 8, 14, 15, 25, 29, 33, 73); Lebenshilfe Hof (S. 77); Dejan Tolo, Regensburg (S. 6, 45); Fotostudio Ullrich & Co., Renningen (S. 80-93); lichtpunkt, Michael Ruder, Stuttgart (restliche Bilder)
Produktmanagement: Monique Rahner, Ute Wielandt
Lektorat: Cosima Kroll, Bönnigheim (Häkelanleitungen), Monique Rahner, Schwäbisch Gmünd (redaktionelle Beiträge), Ute Wielandt (Schlusslektorat)
Gestaltung: Carolin Weidemann, weidemannDESIGN, Köln
Programmierung der CD: DeviD GbR, Dresden
Label-Design: Designbüro Knüpfer, Daniel Knüpfer, Konradsreuth
Druck und Bindung: GPS Group GmbH, Österreich

Materialangaben und Arbeitshinweise in diesem Buch wurden von den Autoren und den Mitarbeitern des Verlags sorgfältig geprüft. Eine Garantie wird jedoch nicht übernommen. Autoren und Verlag können für eventuell auftretende Fehler oder Schäden nicht haftbar gemacht werden. Das Werk und die darin gezeigten Modelle sind urheberrechtlich geschützt. Die Vervielfältigung und Verbreitung ist, außer für private, nicht kommerzielle Zwecke, untersagt und wird zivil-und strafrechtlich verfolgt. Dies gilt insbesondere für eine Verbreitung des Werkes durch Fotokopien, Film, Funk und Fernsehen, elektronische Medien und Internet sowie für eine gewerbliche Nutzung der gezeigten Modelle. Bei Verwendung im Unterricht und in Kursen ist auf dieses Buch hinzuweisen.

16. Auflage 2013
© 2012 frechverlag GmbH, 70499 Stuttgart
ISBN 978-3-7724-6753-0 • Best.-Nr. 6753

HILFESTELLUNG ZU ALLEN FRAGEN, DIE MATERIALIEN UND KREATIVBÜCHER BETREFFEN: FRAU ERIKA NOLL BERÄT DICH. RUF AN: 05052/91 18 58*
*normale Telefongebühren